LE ... Tᵗʳ BARRIÈRE, E. CAPENDU. 2 »
... DE MONTARGIS dr. 5 a., en vers, par Louis BOUILHET. 2 »

BIBLIOTHÈQUE DRAMATIQUE

Théâtre moderne.

LANTERNE MAGIQUE

PIÈCE CURIEUSE !!

REVUE DE L'ANNÉE 1856, EN TROIS ACTES, MÊLÉS DE COUPLETS

PAR

MM. CLAIRVILLE, L. THIBOUST et DELACOUR

Prix : 1 franc

CHEZ LES MÊMES ÉDITEURS — EN VENTE :

L'ANCIEN RÉGIME ET LA RÉVOLUTION
Par ALEXIS DE TOCQUEVILLE. — Un beau volume in-8°. 7 fr. 50

LES CONTEMPLATIONS
Par VICTOR HUGO. — 2 beaux volumes in-8°, 12 francs.

PROMENADE EN AMÉRIQUE
Par J. J. AMPÈRE. — 2 beaux volumes in-8°, 12 francs.

BEAUMARCHAIS ET SON TEMPS
Par LOUIS DE LOMENIE. — 2 beaux volumes in-8°, 15 francs.

LETTRES SUR L'ÉGYPTE
Par J. BARTHÉLEMY SAINT-HILAIRE. — 1 beau vol. in-8°, 7 fr. 50

MICHEL LÉVY FRÈRES, LIBRAIRES-ÉDITEURS
RUE VIVIENNE, 2 BIS
PARIS — 1856

LA FEMME QUI DÉTESTE SON MARI, comédie en 1 acte
Mᵐᵉ EMILE DE GIRARDIN .... 1 «

LANTERNE

MAGIQUE!

PIÈCE CURIEUSE

EN TROIS ACTES ET DIX TABLEAUX

MÊLÉE DE CHANTS

Par MM. CLAIRVILLE, DELACOUR et L. THIBOUST

Représentée, pour la première fois, à Paris, sur le théâtre des Variétés, le 23 décembre 1856

PARIS

MICHEL LÉVY FRÈRES, LIBRAIRES-ÉDITEURS

RUE VIVIENNE, 2 *bis*.

—

1857

DISTRIBUTION DE LA PIÈCE

Cupidon	MM. Leclère.	Figaro	Mlles Scrivaneck
Boudin		La Féerie	
Rosalie	Lassagne.	Danseuse espagnole	
Alfredo		Violetta	Alphonsine.
Le Marchand de Joujoux	Ambroise.	La pièce de 5 francs en argent	Bader.
M. Bassecour		Charlotte	
Léon Desroches	Alex. Michel	La Fanchonnette	Schneider.
Un Voyageur		La pièce de 20 francs	Eud. Laurent.
Monaco	Colbrun.	Ariel	Hinry.
Premier Lauréat		Sathaniel	Nelly.
Carafon Ier		Eolin	Dubuisson.
Danseur Espagnol	Christian.	Zéphirin	
Georges Trevor		L'Omnibus	Beauchamp.
Mme Mitoufflet	F. Heuzey.	Danseuse espagnole	
Le bon Vieillard		Mme Bernier	Dulac.
L'homme carte de visite	Ém. Thierry.	Follet	
Toréador		Le petit Journal pour rire	Bl. D'Alby.
Andre	Potel.	Une Folie	
Premier ouvrier	Delière.	Le Journal pour tous	Madeleine.
Le fils de l'ennui		Lysis	
Deuxième ouvrier		Le Passe-Temps	Félicie.
Un aveugle		Danseuse espagnole	
Mme Petit-Banc	Charier.	Le Dimanche	
Le Marin de la Garde		Danseuse espagnole	Georgina.
Garçon pâtissier	Roland.	Antoinette	
Toreador		Jane Grey	Clémence.
Porteur de sacoche		La Balançoire	Berthe.
Toréador	Lemonnier.	Mme de Montarcy	
Le Corsaire		March. de tabac	Mathilde.
Un Américain		Marie Stuart	
Un Marié	Hector.	Une Dame	Riché.
Toreador		Une Mariée	Joséphine.
Le Fléau des Mers		Une jeune fille	Zéma.
M. Merluche	Ogez.	La petite pièce de 5 francs en or	Petite Joséphine.
Le Monstre			
Un Chinois	Poulain.	La pièce de 10 francs	*Personnage muet.*
Un Russe	Lucien.		

Amours, Promeneurs, Marchands, Crieurs, Forgerons, une Noce, Garçons de café, Seigneurs et Dames, Domestiques, Charpentiers, douze petites Danseuses.

Nota. — Toutes les indications sont prises de la gauche et de la droite du spectateur.

Paris. — Typ. Morris et Comp., rue Amelot, 64.

LANTERNE MAGIQUE

ACTE I

PREMIER TABLEAU

Le théâtre représente un grand mur. Sur ce mur une affiche portant ces mots : 13e arrondissement. — Circonscription : Passy, Auteuil, Boulogne, etc. — Ce mur s'élève au premier plan, et le tableau suivant se joue sur l'avant-scène ; à droites quelques décombres.

SCÈNE PREMIÈRE

DEUX OUVRIERS, achevant de démolir à droite.

ENSEMBLE.

AIR : *Les gueux, les gueux.*

Démolissons
Tant que nous pourrons ;
Plus tard nous verrons
Ce que nous ferons.

PREMIER OUVRIER, cessant de travailler.

Ouf ! j'en peux plus !

DEUXIÈME OUVRIER, de même.

L'fait est qu'on nous a donné là une rude besogne !

PREMIER OUVRIER.

Et qui ne sera pas terminée de sitôt : tout un nouvel arrondissement à tirer de ces décombres !

MONACO, en dehors.

Le Guide Parisien !... Sûreté des voyageurs !

PREMIER OUVRIER, regardant à gauche.

Tiens, v'là Monaco !

DEUXIÈME OUVRIER.

Qu'est-ce que c'est qu'ça, Monaco ? ça ne passe plus.

PREMIER OUVRIER.

Oh ! celui-là, passe partout. C'est le furet des industriels en plein vent, le plus méchant gamin...

SCÈNE II

LES MÊMES, MONACO, entrant par la gauche.

MONACO, un paquet d'imprimés à la main.

Le Guide de l'Étranger dans Paris ! — Histoire des douze arrondissements.

PREMIER OUVRIER.

Qu'est-ce que tu chantes, toi ?

MONACO.

Je ne chante pas, je crie... Après ça, l'un n'empêche pas l'autre... à preuve, à l'Opéra.

PREMIER OUVRIER.

Mais ça n'vaut plus rien, c'que tu nous vends-là !

MONACO.

De quoi, ça n'vaut plus rien ; l'histoire des douze arrondissements ?

DEUXIÈME OUVRIER.

Eh ! non, puisqu'il va y en avoir un treizième.

MONACO.

Farceur ! (Il lui donne une bourrade.)

DEUXIÈME OUVRIER.

Est-t'y bête ce petit-là !

MONACO.

Je vous défends de me dire des gaudrioles

DEUXIÈME OUVRIER.

Mais puisque le v'là, qu'nous sommes en train de le faire.

MONACO.

C'est-t'y possible ! on reculerait Paris jusqu'aux fortifications ?

PREMIER OUVRIER.

Faut croire, car après le treizième, viendra le quatorzième, et l'on parle même déjà d'un quinzième arrondissement.

MONACO.

Attendez donc ! je m'souviens qu'on m'a parlé d'un monsieur qui vient d'acheter la ville de Marseille...

LES OUVRIERS.

Eh ben ?

MONACO.

Eh bien... je me suis laissé dire que ce monsieur-là devait conduire Marseille jusqu'à Paris pendant que les Parisiens conduiraient Paris jusqu'à Marseille.

PREMIER OUVRIER.

Allons donc ! Et par quel chemin ?

MONACO.

Par le boulevard de Strasbourg.

DEUXIÈME OUVRIER.

Tiens, c'est une idée, ça !

MONACO.

Paris en a vu bien d'autres.

Air : *Eh! allez donc.* (Enfers de Paris, J. Nargeot.)

L'ancien Paris,
L'ancien Paris de jadis,
Dont je n' me souviens guère,
Dans la cité
N'avait de chaque côté
Que la Seine pour barrière.
C'était p'tit,
Mais gentil,
Quand, sous Clovis,
Un beau jour v'là Paris
Qui passe la rivière.
Il s'agrandit
Petit à petit,
Et tout à coup v'là qu'il part
Jusqu'au boul'vart...
Paris
V'nait à la port' Saint-Denis,
Quand on a fait graver d'ssus
Ludovicus.
Mais du boul'vard,
Voilà Paris qui repart...
Faut lui faire un' barrière.
Ça ne suf!t plus,
Paris saute par dessus
Et s'étend par derrière.
Jour et nuit,
Il grandit...
Et le voici
Qui s' promène à Passy,
Comme un propriétaire.
Il ne pourra
S'arrêter-là...
Paris toujours grandira
Et voyag'ra...
A Marseille il s'embarquera,

Pour danser une polka
Au Kamschatka !

ENSEMBLE.

ne pourra, etc., etc.

PREMIER OUVRIER.

Satané bêta, va ! (Cloche.)

DEUXIÈME OUVRIER.

L'heure du déjeuner, vite à notre gargot! (Ils reprennent leurs outils.)

PREMIER OUVRIER.

Au revoir, Monaco... faudra faire changer ton Guide Parisien, entends-tu ? (Les deux ouvriers sortent par la gauche.)

MONACO, seul.

Plus souvent que je changerai mon Guide, je changerai mon cri, voilà tout. (Criant.) Le Guide de l'Étranger dans Paris !..... Histoire des treize arrond... Tiens! histoire des treize !... ça fait un calembour ! (Un monsieur passe, venant de la droite.) Hé! mon bourgeois !... Histoire des treize arrondissements!... 90 pages d'impression pour un sou. (Le monsieur donne un sou, prend un livret et sort par la gauche.) Enfoncé, l'bourgeois! (Regardant la pièce.) Un sou belge !... ah! saperlotte! c'est moi qui suis enfoncé! Hé, monsieur!... mon bourgeois!... Grand filou! je te rattraperai, va. (Il sort par la gauche.)

DEUXIÈME TABLEAU

Le théâtre change et représente un coin de l'île de Paphos. — Décor rococo, mais de composition élégante. — Deux plans seulement.

SCÈNE III

FOLLET, LYSIS, ARIEL, EOLIN, ZÉPHIRIN, AMOURS. — (Les Amours sont en ligne. Ariel tend son arc et vise dans une cible dont le milieu est un cœur.)

ENSEMBLE.

AIR : *du mois de mai.* (Montaubry.)

Ah! (7 *fois.*)
Peut-on mieux viser que cela.
Ah! (7 *fois.*)
Le joli jeu que celui-là!

ÉOLIN.

Mais non, ce n'est pas ça !

ARIEL.

A ton tour!

ÉOLIN, *se plaçant pour viser.*

M'y voilà!
Lorsque j'ajuste à ma guise
Cœur de grisette ou de marquise,
Regardez comme je vise.

(Il atteint au milieu du cœur.)

ENSEMBLE.

Ah! etc. (7 *fois.*)

ZÉPHIRIN.

C'est au tour de papa Cupidon.

ARIEL.

Eh! bien : où donc est-il?

LES AMOURS, appelant.

Papa Cupidon!!! papa Cupidon!!!...

EOLIN.

Ah! notre vieux scélérat de père... je parierais qu'il est encore allé flâner à Paris.

LYSIS.

Et quand il y est, c'est fini, il n'en bouge plus!

FOLLET.

C'est si gai!

ZÉPHIRIN.

C'est si amusant, Paris!

EOLIN.

AIR : *du tambour du village.* (Clapisson.)

C'est le pays des amourettes,
Des intrigues et des conquêtes!
C'est le pays de la beauté,
Des plaisirs et de la gaieté!

ARIEL.

C'est le berceau de l'inconstance;
C'est le tombeau de l'innocence;
Des amants c'est le paradis
Et l'enfer des pauvres maris!

EOLIN.

Là, c'est à qui voudrait charmer.

LYSIS.

On y voit chacun s'enflammer.

ZÉPHIRIN.

Tout le monde y parle d'aimer.

EOLIN.

En un mot pour nous résumer,
C'est le seul pays des amours,
Oui, le seul où tout nous seconde;
Enfin, le seul pays du monde
Où nous triompherons toujours!

TOUS.

Toujours (4 *fois.*)
On y chérira les amours!
Toujours! (4 *fois.*)

EOLIN.

Que l'on me trouve une autre ville,
Renfermant un autre Mabille,
Un concert Musard plus brillant,
Un plus charmant pré Catelan?

ARIEL.

Où rencontrer des jeunes filles
Moins novices et plus gentilles?...
Bref, quel est l'endroit qui produit
Moins de sagesse et plus d'esprit?

ZÉPHIRIN.

En vain, l'on chercherait partout,
C'est là qu'on trouve plus de goût...

EOLIN.

Plus d'appas... et, pour dire tout,
Plus de crinoline surtout.

TOUS.

C'est le seul pays des amours! *etc., etc.*

CUPIDON, *en dehors.*

C'est inique!... c'est affreux!... Je proteste!... (Tous remontent.

ARIEL.

Le voilà!

ÉOLIN, *regardant à gauche.*

Ah! grand Dieu! quelle figure!

LYSIS, *de même.*

Mais il est furieux!

ÉOLIN.

Que s'est-il donc passé?

SCÈNE IV

LES MÊMES, CUPIDON. Il tient d'une main un flambeau, de l'autre un arc et porte dans le dos un carquois.

CUPIDON, *entrant par la gauche.*

AIR *du Pas de Zéphir.*

Pauvre Cupidon!
Pour toi quel abandon!

Tous les mortels vont donc
Te traiter de dindon?
Il te faudra donc
Leur demander pardon
De tous les plaisirs dont
Tu leur avais fait don!
Mes pauvres amours,
C'est fini pour toujours;
Brisez tous à la fois
Vos flèches, vos carquois.
Vous tous, qui charmez,
Mes enfants bien aimés,
Vous, si renommés,
Vous êtes dégommés!

TOUS, parlé.

Comment, dégommés?

CUPIDON, de même.

Oui, dégommés!

REPRISE

Pauvre Cupidon, etc.

ÉOLIN.

Comment... que dites-vous?

ARIEL.

On supprimerait les amours?

CUPIDON.

Oui, mes chéris; nous ne sommes plus que de la racaille, e l'on nous crie racca!

TOUS.

Racca!

CUPIDON.

Oui, racca! Je viens d'être traité de vieux galopin par le conseil municipal de Paphos!

ZÉPHIRIN.

Mais pourquoi?

FOLLET.

Racontez-nous ça.

CUPIDON.

Voici l'histoire... Vous savez que j'ai passé mon été à Bade... Baden... Baden... J'y avais suivi une jouvencelle...

ÉOLIN.

Ah! papa, on ne dit plus jouvencelle...

CUPIDON.

On ne dit plus jouvencelle?... Qu'est-ce qu'on dit donc, ô mon fils?

ÉOLIN.

On dit une biche.

CUPIDON.

Une biche?... O progrès... Enfin, j'avais suivi une biche à Bade, et je revenais, après six mois d'absence, lorsque ce matin j'ai reçu un message du grand conseil municipal de Paphos...

ZÉPHIRIN.

Un message!

TOUS.

Et que dit-il?

CUPIDON.

Vous savez que les douze arrondissements de Paris ont douze mairies, dont les douze maires fonctionnent pendant les douze mois de l'année... Leurs petites affaires ne nous regardaient pas, ils avaient leurs clients, nous avions les nôtres... Mais il paraît que dans les douze arrondissements nous faisions douze fois plus de besogne que les douze maires dans les douze mairies... Ce qui fit dire à un Français, né malin, que les amours formaient à eux seuls un treizième arrondissement. Eh bien! cet arrondissement fictif va devenir un arrondissement réel, et voici l'arrêt prononcé par le conseil... (Il tire un papier de sa ceinture.)

TOUS.

Écoutons...

CUPIDON, lisant.

« Attendu les nombreuses plaintes portées contre le sieur Cu-
» pidon et ses nombreux enfants, qui faisaient à Paris une vie
» de Polichinelle... »

TOUS.

Oh!...

CUPIDON.

Mes enfants, nous ne pouvons pas le dissimuler... nous avons fait une vie de Polichinelle. (Continuant à lire.) « Le conseil de Pa-
» phos a ordonné ce qui suit : A partir de ce jour, les amours
» devront habiter le treizième arrondissement, et n'en jamais
» sortir. »

LYSIS.

Comment, n'en jamais sortir?...

FOLLET.

Nous voilà consignés!

ARIEL.

Mais, c'est une horreur!...

ZÉPHIRIN.

C'est une infamie!

ÉOLIN.

C'est révoltant!

CUPIDON.

Silence!... je continue : « Tous les anciens lieux de plaisirs, » et particulièrement l'Opéra, les concerts Musard et les Folies-» Nouvelles leur sont interdits! »

TOUS.

Oh!

CUPIDON.

Attendez... « Ils pourront aller à l'Odéon, une fois par mois... » et aux Bouffes-Parisiens, quand on y jouera l'ouvrage qui » aura obtenu le grand prix de monsieur Offenbach. »

TOUS, riant.

Ah! ah! ah!...

CUPIDON.

Qu'est-ce que c'est que ça?... J'irai, moi! .. j'irai!... (Continuant à lire.) « A l'exception de ces deux plaisirs que leur accorde » la bonté des dieux, ils ne devront jamais sortir de la cir-» conscription du treizième arrondissement. Le sieur Cupidon » y exercera les fonctions de maire. Il devra faire arrêter toutes » les biches... » Il y a jouvencelles, mais je dis biches. (Lisant.) » Toutes les biches qui se promèneront dans le bois de Boulo-» gne, et s'efforcera de réparer ses torts en mariant, dans les » vingt-quatre heures, tous les mortels des deux sexes qu'il » trouvera causant ensemble, à moins qu'ils ne soient mariés » déjà, ce qui serait un obstacle, vu la mesquinerie des lois » françaises. »

ARIEL.

Eh! quoi, nous ne pourrons plus voltiger?

ZÉPHIRIN.

Nous allons moraliser les hommes!

ÉOLIN.

Et devenir vertueux.

LYSIS.

Vertueux, nous?... (Rire général.)

FOLLET.

Mais nous mourrons d'ennui!...

CUPIDON.

Il le faut, mes enfants, il le faut...

ARIEL.

Air : *De Jenny l'ouvrière.*

Nous n'irons plus au bois de Romainville!

LYSIS.

Nous n'irons plus au bal de l'Opéra!

ZÉPHIRIN.

Nous n'irons plus folâtrer chez Mabille!

ÉOLIN.

Nous n'irons plus dans le quartier Bréda!

ARIEL.

Nous n'irons plus sous les bosquets d'Asnière!

ÉOLIN.

Nous n'irons plus souper au Cadran-Bleu!

CUPIDON.

Nous n'irons plus chez Jenny l'ouvrière,
Qui ne pouvant vivre de peu,
Epousera quelque propriétaire,
Qui lui viendra de Dieu!
A la grâce de Dieu!...

ÉOLIN.

Eh bien! non! non! je me révolte!

TOUS.

Nous nous révoltons!

CUPIDON.

Vous révolter, malheureux!

TOUS.

Oui! oui!...

TOUS.

AIR : *Du violonneux* (*Offenbach.*)

Révoltons-nous ; l'ancien dieu de Cythère
Ne peut encore abjurer son pouvoir.
Tous les amours doivent régner sur terre,
Et nous n'avons plus d'ordre à recevoir!

CUPIDON.

Un instant... qu'allez-vous faire?
Songez à l'arrêt fatal,
Et redoutez de Cythère
Le conseil municipal.
Tous les dieux, dans leur colère,
Vous pinceraient,
Vous jugeraient,
Vous puniraient,
Vous frapperaient!...
Et vos ailes tomberaient!...
Oui, tomberaient!

TOUS.

Quoi! nos ailes tomberaient!
Obéissons aux sentences cruelles,
Qui des amours changent le sort joyeux;
Obéissons, pour conserver nos ailes!
Craignons d'attirer la colère des dieux!

ZÉPHIRIN.

Eh bien donc! plus de mystères.

LYSIS.

Le plaisir est défendu!

ARIEL.

Soyons des amours austères!

ÉOLIN.

Fondons des prix de vertu!

CUPIDON.

Et couronnons des rosières,
Que l'on prendra
Place Bréda,
A l'Opéra!
Et cætera!...
Vivent ces rosières-là!

TOUS.

Ah! ah! ah! ah!
Vivent ces rosières-là!

ENSEMBLE.

Puisque des dieux tel est l'arrêt suprême,
Prenons, amis, notre parti gaîment;
Plus de regrets! courons vite au treizième,
Pour moraliser notre arrondissement.

(Tous sortent par la gauche.)
(Changement à vue.)

TROISIÈME TABLEAU

Le théâtre représente le treizième arrondissement; plusieurs amours sont grimpés après les maisons. Ariel écrit en grosses lettres sur une grande maison à droite, le mot MAIRIE. Eolin efface les mots CABINETS DE SOCIÉTÉ écrits à la porte d'un restaurateur à gauche. Un troisième place à droite un poteau qui porte ces mots : *Il est défendu d'aller dans les champs sans être accompagné de son père ou de sa mère.* Un quatrième élève à gauche un autre poteau sur lequel on lit: *La culture de la noisette est interdite.* Un cinquième amour est en faction à la porte de la mairie.

SCÈNE V

ÉOLIN, ARIEL, QUATRE AMOURS, puis ZÉPHIRIN, LYSIS et le reste des Amours.

CHŒUR.

AIR: *Ronde des barrières de Paris.* (*Mangeant.*)

Vite à la besogne!
Nous devons ainsi

Restaurer Boulogne,
Auteuil et Passy.
Oh ! bonheur suprême !
Rien de plus charmant
Que notre treizième
Arrondissement.

ARIEL.

Voyez, je vous prie,
Combien de symétrie
Dans ce mot : Mairie,
Que je viens de tracer.

ÉOLIN.

Hélas ! je soupire...
Ces mots si doux à lire,
Que j'avais fait écrire,
Je dois les effacer.

(Entrent par la gauche un bataillon d'amours portant des fusils, des sabres et des gibernes. — Lysis entre en tête.)

CHŒUR.

Silence ! (*bis*).
Marchons doucement ;
Nous pourrons, je pense,
Surprendre un amant ;
Et toujours de même,
Veillons sagement
Sur notre treizième
Arrondissement.

TOUS.

Plus de gaudriole !
Nous changeons d'école,
Convertis pour toujours.
Sur toute la terre,
Il faut qu'on vénère
Le pays des amours !

LYSIS, qui vient de relever le factionnaire à la porte de la mairie.

Présentez armes !... (Les Amours exécutent le mouvement. Cupidon sort de la mairie.)

SCÈNE VI

LES MÊMES, CUPIDON.

CUPIDON.

AIR : *De la légère.*

Je suis Maire ! (*bis.*)
Ce n'est point une chimère.
Je suis maire ! (*bis.*)

Pour l'amour
C'est un grand jour!
Filles, couvrez vos appas
De manteaux et de mantilles;
Qu'on abatte les charmilles,
Qu'on supprime les lilas!
Dans ces lieux où je commande,
Je veux tout moraliser...
Pour un soupir, à l'amende!
En prison pour un baiser!
Je suis maire, *etc.*

ZÉPHIRIN, *en garde champêtre, amenant un paysan et une paysanne. — Ils arrivent par la gauche.*

On les a surpris là-bas,
Qui causaient dans la prairie.

CUPIDON.

A l'instant qu'on les marie!

LES PAYSANS.

Mais nous ne nous aimons pas.

CUPIDON.

Mariez-les!

(On entraîne les paysans à la mairie.)

Je me venge!

LYSIS, *amenant un jeune homme et une dame. — (Ils entrent par la droite.)*

Ces jeunes audacieux
Dansaient le cancan!

CUPIDON.

Qu'entends-je?
Aux galères tous deux!

(On entraîne le jeune homme et la dame.—(A gauche.)

REPRISE ENSEMBLE.

CUPIDON.	TOUS.
Je suis maire! etc.	C'est le maire, etc.

UNE VOIX, en dehors.

Lanterne magique!... pièce curieuse!

TOUS.

Hein!

CUPIDON.

Qu'est-ce que c'est que ça?

ZÉPHIRIN, accourant de la droite.

Monsieur le maire, c'est un individu que l'on vient d'appréhender au moment où il faisait voir la lanterne magique aux jeunesses de l'arrondissement. (Il pose la lanterne qu'il tient à terre, à droite.)

CUPIDON.

Pour les séduire, à l'aide de tableaux égrillards!... pour les suborner sans doute!... Qu'on me l'amène!... (Zéphirin fait un signe. Deux Amours amènent un homme enveloppé d'un manteau et coiffé d'un grand chapeau rabattu.)

L'HOMME.

Ah! me v'là... n'poussez pas si fort, donc!

CUPIDON.

Que ce jeune drôle soit pendu!

TOUS.

Oui, pendu!

L'HOMME.

Avant ma pendaison, monsieur le maire voudrait-il m'accorder cinq minutes d'entretien? J'ai des révélations à lui faire.

CUPIDON.

Ah!... Qu'on nous laisse seuls un instant, ce grand criminel et moi!

CHŒUR.

Air : *Du roi des drôles.* (J. Nargeot.)

Suborneur téméraire!
Un châtiment t'est dû!
De par Monsieur le maire,
Qu'il soit vite pendu!

(*Tous les amours sortent par la droite.*)

SCÈNE VII

CUPIDON, L'HOMME.

CUPIDON.

Tu espères me séduire : tu n'es qu'un galopin!

L'HOMME, riant.

Ah! ah! ah! et toi tu n'es qu'un imbécile! (Il jette son chapeau et son manteau et paraît en costume élégant de diablotin.)

CUPIDON.

Sataniel!

SATANIEL.

Oui, Sataniel... le diable le plus gai, le plus séducteur, le plus scélérat de tous les enfers de Paris!

CUPIDON.

Mais, malheureux, tu es banni de céans! Mais tu n'as donç pas lu ce matin le Moniteur de l'Olympe?

SATANIEL.

Si fait!... Mais tu n'obéiras pas.

CUPIDON.

Tu veux que je me brouille avec le conseil municipal de Paphos?

SATANIEL.

Mais songe donc que, sans l'amour, le diable n'a plus qu'à se faire ermite. Que veux-tu que je devienne sans toi?... Et toi-même, que deviendras-tu sans Paris?... ce Paris où tu es si bien reçu, gros ingrat!...

CUPIDON.

Le fait est que j'y suis assez bien reçu, là, sans façons.

SATANIEL.

Après tous tes succès... car tu as été un satané farceur, un bambocheur !

CUPIDON.

Oui, j'ai été pas mal fricoteur... et zig! et zog! et flic! flac

SATANIEL.

Rappelle-toi tes folies, tes soupers.

CUPIDON.

Oui, oui, oui, frappez le champagne!... Ecrevisses bordelaises pour quatre! Nom d'un petit bonhomme! j'ai envie de festivaler.

SATANIEL.

Allons donc!...

AIR : *De la rose de St-Flour.* (Offenbach.)

Ah ! quel bon temps qu'la folie !
Ça ne doit jamais finir!

CUPIDON.

Ah ! quel bon temps qu'la folie! etc.

SATANIEL.

Rendons à notre patrie
Et l'amour et le plaisir!

CUPIDON.

Rendons à notre patrie, etc.

SATANIEL.

Que deviendra l'Opéra?
Que deviendront les guinguettes !
Les amours et les grisettes?
Sans nous le mond'finira!
Ah! ah!

CUPIDON. (*bis.*)

Ah! ah!

SATANIEL.

Avec nous il renaîtra!

CUPIDON.

Et même il folichonn'ra!

ENSEMBLE.

Ah! quel bon temps! etc.

CUPIDON.

Avec toi, reparaîtra
La gaîté sur les visages!

SATANIEL.

Et sous de gentils corsages
Cupidon se glissera.
Ah! ah!

CUPIDON. (*bis.*)

Ah! ah!

SATANIEL.

Paris se réveillera.

CUPIDON, *avec élan.*

L'univers gobichonn'ra!

ENSEMBLE.

Ah! quel bon temps, etc.

(*Nuit peu à peu.*)

SATANIEL.

Ah! je te retrouve, enfin!

CUPIDON.

Paris!... mon beau Paris!

SATANIEL.

Paris?... mais tu ne le connais plus!... Depuis six mois que tu es absent, tu ne sais plus rien de ses merveilles... Tiens, prends cela. (Il lui donne le verre de sa lanterne, qui se change en lorgnon.)

CUPIDON.

Le verre de ta lanterne?

SATANIEL.

Lorgnon magique, qui te permettra de voir Paris tel qu'il est...

CUPIDON.

Vraiment?... Ah! saperlotte! mais comment sortir d'ici sans être reconnu?

SATANIEL.

Tiens, prends ce manteau... (Il le lui met sur le dos.)

CUPIDON.

Prends garde à mes ailes.

SATANIEL, le coiffant de son chapeau.

Ce chapeau... (Lui donnant sa lanterne.) et cette lanterne...

CUPIDON.

Quelle idée!

SATANIEL.

Au revoir, et à bientôt! (Il disparait.)

CUPIDON.

Au revoir! (Changeant de voix et criant :) Lanterne magique!... pièce curieuse!... Lanterne magique! (Il sort par la gauche. — Les Amours arrivent par la droite sur la ritournelle de l'air suivant.)

SCÈNE VIII

TOUS LES AMOURS. Les Amours entrent en battant la retraite, conduits par Éolin qui agite une canne de tambour-major.)

CHŒUR.

Air : *De la retraite.* (Loïsa Puget.)
C'est la retraite, ran, plan, plan,
Sachons, mes amis, tambour battant,
Surveiller militairement
Le treizième arrondissement.

La ronde défile devant le public. On entend la voix de Cupidon crier en s'éloignant : Lanterne magique! pièce curieuse! lanterne magique! — Nuit complète. — Le rideau baisse.

ACTE II

QUATRIÈME TABLEAU

Le théâtre représente un coin des Champs-Élysées.

SCÈNE I

MONACO, UN GARÇON PATISSIER, UNE MARCHANDE DE TABAC. MARCHANDS, CRIEURS, PROMENEURS. Au lever du rideau, musique à l'orchestre. Va et vient général. Cris des marchands.

UN CRIEUR.

Demandez les numéros gagnants de la loterie des Batignolles!

UN MARCHAND DE COCO.

Deux liards le verre!

UN MARCHAND DE BALLONS.

Le bonheur des enfants!... la tranquillité des familles!

UN GARÇON PATISSIER, avec un éventaire garni de brioches.

La renommée des brioches! demandez la brioche toute chaude fabriquée rue de la Lune!... un sou la brioche!... un sou!...

MONACO, à part.

Non d'un chien!... Et moi qu'a pas déjeuné... v'là mon affaire.

LE GARÇON PATISSIER, sur le point de sortir par la gauche.

La renommée des brioches !

MONACO, criant.

Eh ! l'homme?

LE GARÇON PATISSIER, allant à lui.

Voilà !...

MONACO.

Ça va bien le commerce, hein, mon petit père ?

LE PATISSIER.

Les brioches, ça va toujours.

MONACO, prenant une brioche.

Ah ! c'est un peu chouette !

LE PATISSIER.

C'est un sou.

MONACO.

C'est chaud.

LE PATISSIER.

Non, je dis : c'est un sou.

MONACO, donnant un sou et mordant la brioche.

Voilà.

LE PATISSIER.

Un sou belge, ça ne passe pas.

MONACO, reprenant le sou qu'il examine.

Ah !... on me l'a bien passé... et moi qui n'ai que celui-là !... Voilà votre brioche. (Il la remet sur l'éventaire.)

LE PATISSIER.

Oh! petit gredin, petit filou!...

MONACO, se sauvant

Brioche à l'œil!... enfoncé le mitron !... (Il sort par la droite.)

LE PATISSIER, regardant la brioche.

Je vous demande un peu ce que je vais faire... de... Ah ! que je suis bête... (Il mange le reste et sort par la gauche, en criant, la bouche pleine.) La renommée des brioches !

LA MARCHANDE DE TABAC.

Qui veut du feu... de bons cigares, de bons saucissons !

MONACO, rentrant par la droite.

Cré nom!... j'en grillerais une, si j'avais du tabac. (A la marchande.) Dites donc, la mère, un sou de tabac.

LA MARCHANDE, lui donnant un paquet tout fait, qu'elle prend dans son panier.

Voilà, jeune homme !

MONACO, bourrant sa pipe.

Cette brioche était bonne, mais elle n'était pas grosse. (A la marchande.) Du feu s'il vous plaît?

LA MARCHANDE, lui présentant un bout de corde allumé qu'elle tient à la main

Voilà, jeune homme !

MONACO, quand sa pipe est allumée.

Voilà vot' sou, la mère.

LA MARCHANDE, le lui rendant.

Ah ! mon gas, ça ne passe plus.

MONACO.

Ah ! (Lui rendant le reste du paquet.) V'là vot' tabac.

LA MARCHANDE.

Eh ben, et ce qu'y a dans la pipe?

MONACO, fumant.

Ne touchez pas... ça brûle ! (Il remonte.)

LA MARCHANDE.

Ah ! p'tit brigand ! p'tit gredin !...

MONACO.

Tabac à l'œil ! vivent les sous qui ne passent plus ! enlevé ! c'est pesé. (Il sort gaiement par la droite, suivi de la marchande qui court après lui.)

CUPIDON, en dehors.

C'est très-bien, oui monsieur, je suis satisfait. (La scène s'est vidée petit à petit.)

SCÈNE II

CUPIDON, seul, entrant par la droite, coiffé d'un panama étiqueté 3,000 fr. Il a une redingote à volants et le reste du costume de composition.

AIR : *Je suis sergent.* (Philtre.)

L'amour ici
Doit plaire ainsi ;
Le prophète me costuma
Et j'achetai ce panama. —
Mais j'ai beaucoup de peine à m'a—
Ccoutumer à mon panama !

C'est égal, j'espère qu'on ne dira plus que l'amour est trop légèrement vêtu... Ce costume complet, acheté cent francs au Prophète, me donne du cachet ! cette redingote à volants fait bien valoir ma taille, mais quelle singulière chose que la mode !

AIR : *de Marianne.*

Quand ce costume du prophète
Me coûte cent francs tout au plus,
Ce panama, forme galette,
Me coûte à lui seul mille écus!
Quelle dépense!
On va, je pense,
Me croire fou ; mais je suis très-malin,
Je crains les chances
De nos finances,
Les coups de bourse, et les coups du destin.
Quand la baisse nous inquiète
Et que l'on craint de s'enfoncer,
C'est une façon de placer
Trois mill' francs sur sa tête.

(*Bruit au dehors.*)

Quel est ce bruit? vite, mon lorgnon!... (Remontant et regardant à gauche avec son lorgnon.) Ah! mon Dieu! qu'est-ce que poursuivent donc tous ces gens-là?... Je ne me trompe pas... ils courent après une pièce de cent sous!... Oh! la malheureuse! comme elle se sauve!... (Il redescend à gauche.)

SCÈNE III

CUPIDON, UNE PIÈCE DE CENT SOUS, UN CHINOIS, UN AMÉRICAIN, UN RUSSE, UN PORTEUR DE LA SACOCHE, *ensuite* LA PIÈCE DE VINGT FRANCS, *puis* LA PIÈCE DE DIX FRANCS, *puis* LA PIÈCE DE CINQ FRANCS EN OR.

LA PIÈCE DE CENT SOUS, *entrant par la gauche, suivie du porteur de sacoche, de l'Américain, du Russe et du Chinois.*

AIR : *de la galopade.*

Ah! laissez-moi, laissez-moi,
Laissez-moi,
Ou je crie à la garde!
Ah! laissez-moi!
Je vais mourir d'effroi!

TOUS, *l'entourant.*

Je te garde
Pour moi!

LA PIÈCE DE CENT SOUS.

Quatre contre moi!
Vous abusez de ma faiblesse,
Je ne sais pourquoi,
Mais ils m'entraînent malgré moi!...

LE PORTEUR DE SACOCHE.

Quoi! vous éloigner!
Vous appartenez à ma caisse!

L'AMÉRICAIN.

Je vais t'empoigner!

LE RUSSE.

Moi te fondre!

LE CHINOIS.

Moi te rogner!

LA PIÈCE DE CENT SOUS.

Ah! laissez-moi, laissez-moi!
Laissez-moi!

LA PIÈCE D'OR, *entrant par la gauche.*

Laissez cette bégueule!
Regardez-moi,
Je suis de bon aloi,
Et seule
Prenez-moi!

TOUS.

Quoi! de l'or!
Encor!...

LA PIÈCE D'OR.

Songez que je suis précieuse!...

LE PORTEUR DE SACOCHE.

Tous nos coffres-forts
Sont remplis d'or jusques aux bords!
Toi nous approcher!
Arrière, petite coureuse!

LA PIÈCE D'OR.

Laissez-vous toucher!

L'AMÉRICAIN.

Va te cacher!

LE CHINOIS.

Va te coucher!

ENSEMBLE.

LA PIÈCE DE CENT SOUS.

Ah! laissez-moi, (*ter.*)
Ou je crie à la garde!
Ah! laissez-moi,
Je vais mourir d'effroi!
De grâce, laissez-moi!

LA PIÈCE D'OR.

Ah! prenez-moi, (*ter.*)
Vite qu'on me regarde.
Ah! prenez-moi,

Je suis de bon aloi !
De grâce, prenez-moi !

LES QUATRE POURSUIVANTS.

Viens avec moi !
Dans mon pays suis-moi !
Sans crier à la garde.
Viens avec moi,
J'aurai bien soin de toi !
Je te garde
Pour moi !

(Pendant tout ce chœur, la pièce d'argent fait le tour du théâtre, les quatre poursuivants la suivent en courant, la pièce d'or suit les quatre poursuivants, et Cupidon suit la pièce d'or.)

CUPIDON, *venant au milieu et criant.*

A la garde !... (*Les quatre poursuivants se sauvent.*) Ouf ! je n'en puis plus !

LA PIÈCE DE CENT SOUS.

Ah ! je vous en prie, monsieur, cachez-moi, protégez-moi.

CUPIDON.

Mademoiselle, pour une pièce de cinq francs, mon gousset serait un asile inviolable... mais...

LA PIÈCE D'OR.

Ne l'écoutez pas monsieur. Ce qui arrive n'a pas de nom. Autrefois l'or était une puissance... et mademoiselle n'était qu'une roturière. Eh bien, aujourd'hui c'est le contraire. Tenez, tout à l'heure encore, je me trouvais dans le porte-monnaie d'un monsieur qui allait à la Bourse ; en entrant on luidemande un franc !... Il me présente et l'on me refuse sous prétexte qu'on n'avait pas de monnaie.

CUPIDON.

Comment un franc ?... un franc pour entrer à la Bourse !

LA PIÈCE D'OR.

Certainement, monsieur, c'est le tarif.

CUPIDON.

AIR : *bonjour, mon ami Vincent.*

Mais de cet impôt d'un franc,
Dites-moi quelle est la source ?

LA PIÈCE D'OR.

C'est pour l'établissement
Une nouvelle ressource !

CUPIDON.

Qu'on fasse payer, cela se comprend,
Mais pourquoi fait-on payer en entrant ?

LA PIÈCE D'OR.

C'est qu'on se ruine à la bourse,
Et qu'il faut faire prudemment
Payer en entrant.
Sinon, bien souvent
On ne pourrait plus payer en sortant.

LA PIÈCE DE CENT SOUS.

Oh! ce n'est pas moi qu'on aurait refusée.

LA PIÈCE D'OR.

Ah! vous faites comme cela la mijaurée, parce que vous avez un moment de vogue; mais on sait que vous avez joliment roulé, ma chère.

CUPIDON.

Roulé!... Mademoiselle aurait...

LA PIÈCE DE CENT SOUS.

Bavardage! vous savez bien que l'or ne manque pas de platine.

LA PIÈCE D'OR.

Fi! de l'argot! on reconnaît bien là votre origine roturière.

LA PIÈCE DE CENT SOUS.

Roturière! Je suis aussi noble que vous!

LA PIÈCE D'OR.

Une pièce qui s'est galvandée et que l'on changeait sans cesse.

LA PIÈCE DE CENT SOUS.

Patience! on vous rendra bientôt la monnaie de votre pièce.

LA PIÈCE D'OR.

Ma monnaie, la voici : (Entre par la droite la Pièce de Dix francs représentée par un enfant de taille moyenne). Je n'en ai pas d'autre.

LA PIÈCE DE CENT SOUS.

Et celle-ci que vous oubliez. (Elle tire du trou du souffleur un tout petit enfant habillé en pièce de cinq francs en or.)

LA PETITE PIÈCE D'OR.

Je suis la Pièce de Cinq francs!

LA PIÈCE D'OR.

Ma faute est connue! ô honte!

CUPIDON, bas.

Vous aurez fait des bêtises avec une grosse Pièce de Quarante francs. (Haut.) Voyons, terminons ce drame monétaire, et tranquillement dites-moi de quoi vous vous plaignez.

LA PIÈCE D'OR.

AIR *des Vestes.* (*Mangeant.*)

C'est vraiment une horreur!
Sur la terre

Comment donc faire ?
Je perds de ma valeur,
Et c'est, hélas ! pour mon malheur!

Moi que logeaient jadis
La bourse des princesses,
Les poches des duchesses,
Les goussets des marquis...
Maintenant, sans éclat,
J'habite une sacoche,
Ou la rustique poche
D'un affreux Auvergnat!

LA PIÈCE DE CENT SOUS.

Moi qu'on laissait passer,
Sans même détourner la tête,
Maintenant, on m'arrête
Et chacun cherche à me pincer.

Je n'ose plus courir,
Partout on me pourchasse ;
Sur moi l'on fait main basse,
Dès que je veux sortir !
Sans contravention,
Sans jugement peut-être,
Je n'ose plus me mettre
En circulation.

LA PIÈCE D'OR.

Jadis, quand je régnais,
On ne m'obtenait qu'avec prime ;
Maintenant on m'opprime,
Ou bien on m'accepte au rabais.

LA PIÈCE DE CENT SOUS.

Ce n'est pas comme moi :
L'homme qui me regarde,
Quand il me prend, me garde.
Hier, j'en meurs d'effroi !
Redoutant un larcin,
Ou bien quelque surprise...
Mon possesseur m'a mise

CUPIDON.

Où ?

LA PIÈCE DE CENT SOUS.

Sous son traversin!

CUPIDON.

C'est vraiment une horreur!
Mais comm' je n'y puis ri n faire,

Adieu, cher petit cœur !
(*La saluant.*)
Je suis votre humble serviteur !

REPRISE ENSEMBLE.

CUPIDON.

C'est vraiment une horreur ! etc.

LES DEUX PIÈCES.

C'est vraiment une horreur !
Sur la terre
Comment donc faire ?
Je perds de ma valeur,
J'augmente de valeur,
Et c'est, hélas ! pour mon malheur !

(*La pièce d'argent sort par la gauche et les pièces d'or par la droite. L'homme carte de visite aussitôt entre par la droite et tourne autour de Cupidon, qu'il examine.*)

CUPIDON, à part.

Qu'est-ce que c'est que ce *tonton*-là ?

SCÈNE IV

CUPIDON, L'HOMME CARTE DE VISITE.

L'HOMME, à Cupidon.

Comment vous nommez-vous ?

CUPIDON.

Cupidon. (L'homme consulte un carnet qu'il tient à la main et se jette dans les bras de Cupidon, qu'il embrasse.) Hein ?... quoi ?... qu'est-ce que c'est ?... (Il se dégage.)

L'HOMME.

Monsieur, je vous la souhaite bonne et heureuse.

CUPIDON.

Monsieur, je vous remercie bien... mais je ne crois pas avoir l'honneur...

L'HOMME.

Oh ! non, monsieur, vous ne me connaissez pas. Je viens de la part de monsieur Joboulot.

CUPIDON.

Comment, de sa part ?

L'HOMME.

Oui, monsieur, en Amérique, on a substitué l'homme à la carte de visite, et j'arrive de Baltimore pour importer cette innovation en France. Au lieu d'un petit morceau de carton insignifiant qu'on déposait chez le concierge, je monte moi-même et j'embrasse les amis de mon client. Je suis ce qu'on appelle en Amérique *l'Homme Carte de Visite !*

CUPIDON.

L'Homme Carte de Visite ?

L'HOMME.

AIR : *Polka des deux vieilles gardes.* (*Delibes.*)

Le jour de l'an,
Chacun prend son élan;
Faut se presser,
Faut s'embrasser.
De s'embrasser, que de gens furieux
Sont très-heureux
Que j'embrasse pour eux!
Plus d'un qui vient complimenter
Son oncle de se bien porter,
Voudrait voir le diable emporter
Celui dont il doit hériter.
Moi, monsieur, qui n'hérite pas,
En serrant l'oncle dans mes bras,
J'évite un baiser de Judas.
Mes prix sont doux :
J'embrasse pour vingt sous,
Petits enfants,
Jeunes mamans ;
Pour trente sous,
J'embrasse les époux ;
Et pour trois francs
Toutes les grand's mamans.
Dernièrement un vieux mari
M'envoya chez sa femme qui
Ne voulait plus, c'était fini,
Recevoir de baisers de lui.
Je l'embrassai pour le mari,
Et la femme dit : Sapristi !
Vous embrassez bien mieux que lui!
Bref, ici-bas,
J'embrasse, à chaque pas,
Ceux qui sans moi n' s'embrass'raient pas;
J'embrasse tout... hormis les amoureux,
Qui sont heureux
De garder ça pour eux.

(*Il consulte de nouveau son carnet et se rejette dans les bras de Cupidon.*)

CUPIDON.

Hein ?.. quoi ! encore ?.. (*Il se dégage et passe à droite.*)

L'HOMME.

Monsieur, c'est de la part de votre ami Toupinel.

CUPIDON.

Sapristi! vous faites-là un métier bien fatigant.

L'HOMME.

Oh! monsieur, je me fais aider par ma femme.

CUPIDON.

Ah ! madame votre épouse embrasse aussi?

L'HOMME.

Oui, monsieur, quand je suis fatigué.

CUPIDON.

Eh bien! à la bonne heure !... voilà une carte de visite que je comprends. Je serais enchanté de la recevoir.

L'HOMME.

Monsieur, j'aurai l'honneur de vous l'envoyer... (Il va pour sortir, et consulte de nouveau son carnet.) Ah !... (Il revient à Cupidon et se rejette dans ses bras.)

CUPIDON.

Encore!... ah! sapristi !

L'HOMME.

C'est de la part de votre ami Beaulidruche.

CUPIDON, se dégageant

Assez!... assez!...

L'HOMME.

REPRISE.

Le jour de l'an,
Chacun prend son élan, etc.

(Il sort par la gauche.)

CUPIDON, seul.

Saperlotte!... ce monsieur m'a tout chiffonné... Ah! j'aimais encore mieux la carte de visite.

SCÈNE V

CUPIDON, CHARLOTTE, BOUDIN.

Une grande affiche sort de terre avec ces mots : A vendre, les terrains du bal de la grande Chaumière.

CUPIDON, lisant.

A vendre les terrains du bal de la grande Chaumière! Comment, la Chaumière n'existe plus? (L'affiche disparait.)

BOUDIN, en dehors.

Marchez donc, nom d'un bonhomme, marchez donc!

CUPIDON.

Qu'est-ce que c'est que ça?

BOUDIN, *entrant par la droite, costume de fantassin, petite tenue ; il pousse devant lui Charlotte, qui pleure.*

Oh ! n'y a pas de ci, de ça, de l'autre!... marchez, que l'on vous dit!...

CHARLOTTE, *pleurant.*

Hi ! hi ! hi ! (*Type de de la petite grisette.*)

CUPIDON.

Vous faites violence à cette jeune fille! militaire, je ne souffrirai pas...

BOUDIN, *faisant passer Charlotte à sa gauche.*

Qu'est-ce que c'est?... qu'est-ce que c'est?... pas de scandale! .. pas de scandale! souffrez... ne souffrez pas, bourgeois... que ça m'est incohérent... je fais mon devoir... il m'est enjoint d'appréhender z'au corps la nommée Charlotte, ici présente. (*Riant.*) Ah! mon Dieu, oui ! ah ! mon Dieu, oui!...

CUPIDON.

Ah! bah !

CHARLOTTE, *ingénuement.*

On veut me mettre au violon.

CUPIDON.

Au violon !

BOUDIN.

Ne soyez pas tumultueux!... ne soyez pas tumultueux!... me prenez-vous pour une recrue?... j'étais caserné tout près d'un bal champêtre qu'il paraît que c'est la Chaumière... Pour lors, que l'on vient me dire, venez, la nommée Charlotte était entrain d'en pincer une... oh ! mais là, dans le soigné... comme ça... (*Il danse.*)

CHARLOTTE.

Ça n'est pas vrai, c'était comme ça... (*Elle danse.*)

BOUDIN.

N'y a pas de ci, de ça, de l'autre... Enfin, paraîtrait que ça n'était pas comme il fallait que ça fusse. Pour lors que l'autorité est zintervenue... qu'elle a ordonné de fermer l'établissement et d'appréhender z'au corps la nommée Charlotte. Boudin, que m'a dit l'inspecteur, va conduire la délinquante au violon... et je vas l'y conduire sans péripétie... (*Riant.*) Ah ! mon Dieu, oui! ah ! mon Dieu, oui !

CHARLOTTE, *sanglotant.*

Oh ! oh !

CUPIDON.

Pauvre martyre de la gaieté française!

BOUDIN.

Faut pas larmoyer pour ça, mamzelle Charlotte.. ça arrive à

tous les mortels de la terre... Moi-même, mon bourgeois, j'ai tété fourré dedans. Ah ! mon Dieu, oui ! ah ! mon Dieu, oui !...

AIR : *De la retraite.*

Au salon d'Mars, avec ma bonne amie
En compagnie,
J'pinçais, un jour,
Le petit pas d'lamour ;
Sans barguignre,
On est v'nu m'empoigner...
Mais jugez d'mon ennui !
On empoigna ma bonne amie z'aussi.

Ah ! mon Dieu, oui ! ah ! mon Dieu, oui !... Et nous sons restés deux jours au corps de garde toutes les deusse. Oh ! nous ont ri do ça ! avec les camarades, nous ont ri deça ! hi ! hi ! hi ! (Il remonte.)

CUPIDON, passant au milieu.

Comment ! mademoiselle Charlotte, vous êtes cause qu'on a fermé la Chaumière ?... un établissement si utile... à la jeunesse des écoles !... qu'avez-vous donc fait ?

CHARLOTTE, baissant les yeux.

J'ai un petit peu baloché !

CUPIDON.

Hein ?

CHARLOTTE.

J'ai un petit peu baloché !

CUPIDON.

Baloché ?...

BOUDIN, riant.

Elle a baloché ! elle a baloché ! drôle de petite mère, tout de même va... Elle me subdivise entièrement.

CHARLOTTE.

Je fumerais bien une petite cigarette. (A Cupidon.) Dis donc, mon gros, donne-moi du tabac, si t'en as.

CUPIDON.

Elle me tutoie !

CHARLOTTE.

Tout le monde se tutoye au quartier Latin... Donne-moi du tabac, si t'en as ?

CUPIDON.

J'en ai pas, ma vieille. (Il passe à droite.)

CHARLOTTE, à Boudin.

Donne-m'en, toi.

BOUDIN, riant.

Allons, bon ! elle me tuteye aussi ; qu'elle me fait donc rire, c'te particulière-là !

CUPIDON, à Charlotte.

Mais qu'avez-vous donc fait pour faire fermer la Chaumière?

CHARLOTTE, avec une grande émotion.

La Chaumière! on l'a démolie, parce que à présent les étudiants n'y viennent plus... ils travaillent!... les faignants!... Moi, je suis la dernière grisette... et maintenant que la Chaumière est fermée... je vas me périr... comme une pauvre petite malheureuse. (Elle pleure et remonte.)

CUPIDON, attendri.

Ah! sapristi! vous ne ferez pas ça! (Il la fait redescendre.)

BOUDIN, pleurant.

Oh! quel dommage! une si belle donzelle!...

CHARLOTTE, à part et changeant de ton.

Ils ont de bonnes boules. J'vas les faire poser.

BOUDIN, à Charlotte.

Allons, suivez-moi, que je vous dis, que je le veux, que je vous l'ordonne.

CHARLOTTE, *à Boudin, avec sentiment.*

Air : *De la Syrène. (O Dieu des flibustiers.)*

O jeune militaire,
Brave et joli vainqueur,
A la Grande-Chaumière,
Pour toi battait mon cœur!
Je me cachais dans l'ombre
Et, seule, j'y rêvais
Que, sous un bosquet sombre,
Tout bas je te disais : (*bis.*)

BOUDIN, parlé.

Quoi donc? (Il se rapproche tendrement.)

CHARLOTTE.

Le cro, cro, cro, cro, cro, cro, cro, le cro, le crocodile
Est mort au bord du Nil :
Y n'croqu'ra plus...
N'en parlons plus!

BOUDIN, *étonné.*

Le cro, cro, cro, cro, cro, cro, cro...

CUPIDON, *de même.*

Le cro, le crocodile,

BOUDIN.

Est mort au bord du Nil...
Je n'comprends plus,

CUPIDON.

Ni moi non plus.

CHARLOTTE, *à Cupidon, avec amour.*

AIR : *Des Hirondelles.*

Vieillard plein de jeunesse,
Si mes faibles appas
T'enflamment de tendresse,
Je t'en fais la promesse,
Tu seras... (*bis.*)

CUPIDON, *tendrement.*

Je seras ?...

CHARLOTTE.

Le cro, cro, cro, cro, cro, cro, cro, le cro, le crocodile
Est mort au bord du Nil
Y n'croqu'ra plus...
N'en parlons plus.

CUPIDON, *étourdi.*

Le cro, cro, cro, cro, cro, cro, cro...

BOUDIN, *de même.*

Le cro, le crocodile...

CUPIDON.

Est mort au bord du Nil :
Je n' comprends plus...

BOUDIN.

Ni moi non plus.

CHARLOTTE (*avec transport.*)

AIR : *du soleil de ma Bretagne.*

Belle chaumière, ah ! quand j'allais te voir,
C'était l' printemps et c'était le dimanche !...
J'avais l' matin r'passé ma robe blanche,
Et, sans m' vanter, j'étais gentille à voir !
Sans avoir une mise
De duchesse ou d' marquise,
Sous mon petit bonnet,
J'avais un air coquet.
J' passais gratis, en faisant de l'œil au bureau ;
Puis, en buvant d' la bière pour champagne,
Je respirais l'air pur de la campagne...

CUPIDON (*lui saisissant la main.*)

Et puis de la Bretagne
Le soleil est si beau !

CHARLOTTE.

AIR : *des jolis soldats.*

Ah ! qu' c'était gai ! qu' c'était gai !
Qu' c'était gai !
Qui m'rendra ma Grand'-Chaumière ?

On y dansait plus d'un pas distingué
Sans jamais être fatigué !
Au bal j'arrivais la première
Avec Arthur, Paul ou Léon,
Ah ! qu'c'était bon ! qu'c'était bon !
Qu'c'était bon!
Du bal je sortais la dernière
Avec Oscar,
Polycarpe ou César,
Eugène, Hippolyte ou Balthazar.
Au milieu de la bacchanale,
Prendre Jules pour Cyprien,
Et suivre une ronde infernale
Avec un autre amant que l'sien...
Ah! qu'ça fait d'bien, qu'ça fait d'bien!
Qu'ça fait d'bien !
Qui m'rendra ma Grand'-Chaumière?
Sans pèr' ni mère,
On s'amusait si bien...
Et ça ne coûtait presque rien !

Sur la ritournelle, elle danse devant Cupidon et Boudin, et sort par la gauche en dansant toujours. — L'air continue à l'orchestre. — Cupidon et Boudin, entraînés par la danse de Charlotte, se mettent à danser sur place.

BOUDIN, dansant et se trouvant en face de Cupidon, qui danse aussi.

Que vous dansez, que je vous arrête !... (Il le saisit au collet.)

CUPIDON, sans s'arrêter.

Moi !

BOUDIN, dansant avec lui, tout en le tenant..

Que je vous mène au poste.

CUPIDON.

Voulez-vous bien me lâcher!

(Boudin entraine Cupidon. — Ils sortent par la gauche.)

SCÈNE VI

MONACO, puis UN AVEUGLE.

MONACO, rentrant par la gauche, il regarde son sou.

Décidément, il n'y a rien de bon comme les mauvais sous.

UN AVEUGLE, entrant par la droite, conduit par un caniche.

Pauvre aveugle, s'il vous plaît!

MONACO, avec sentiment.

Un infortuné! Allons, puisse mon sou lui porter bonheur (Il le lui jette dans son chapeau.)

L'AVEUGLE, prenant le sou.

Merci, mon bon monsieur. (Regardant le sou.) Pardon, jeune homme, ça ne passe plus.

MONACO, stupéfait.

Ah! bah!... lui aussi!... Mais, j'y pense.... Comment avez-vous vu?... vous n'êtes donc pas aveugle ?

L'AVEUGLE.

Non, monsieur...

MONACO.

Alors, pourquoi dites-vous : Pauvre aveugle!...

L'AVEUGLE.

C'est mon chien. (Le désignant.) Pauvre aveugle, lui! (A son chien.) N'est-ce pas ?...

MONACO, riant.

Ah ! farceur !... c'est égal, elle est bonne!... Je te paye le vin blanc.

L'AVEUGLE.

Tope! ça va ! (Ils se dirigent tous deux vers la gauche.)

CUPIDON, rentrant par le fond, à gauche, en dansant.

Tra la, la, la... Il m'a lâché... il m'a lâché... Ah ! j'ai besoin de me rafraîchir... (Regardant autour de lui.) Et je voudrais savoir... (Il aperçoit Monaco, ôte son panama et s'approche de lui, le chapeau à la main.) Pardon, jeune homme, auriez-vous l'obligeance?...

MONACO, laissant tomber son sou dans le chapeau de Cupidon.

Voilà, mon brave homme ! (A lui-même.) Enfin, je l'ai placé ! (Il sort gaiement par la gauche avec l'aveugle.)

SCÈNE VII

CUPIDON, puis LE PASSE-TEMPS, L'OMNIBUS, LE DIMANCHE, LE JOURNAL POUR TOUS, LE PETIT JOURNAL POUR RIRE, LA BALANÇOIRE.

CUPIDON, étonné et regardant le sou.

Il me donne un sou... il me fait l'aumône... Ah ! ça, qu'est-ce qu'il veut donc que j'achète avec un sou? Qu'est-ce qui coûte un sou? (Les petits journaux envahissent le théâtre. — Ils entrent par la gauche et viennent entourer Cupidon. Chaque journal porte une bannière sur laquelle son titre est inscrit.)

CHŒUR.

AIR : *de la corde sensible.*

De cette joyeuse année
Voici les petits journaux;
Chaque feuille est destinée
Aux triomphes les plus beaux!

L'OMNIBUS.

Pour un sou, prenez-moi vite :
Un sou n'est pas le Pérou !

LE DIMANCHE.

Pour un sou, j'ai du mérite,

LE PASSE-TEMPS.

J'ai de l'eprit pour un sou !

REPRISE EN CHŒUR.

De cette joyeuse année, etc.

CUPIDON.

Il serait vrai !... je pourrais vous posséder... pour la bagatelle d'un sou ?

LE DIMANCHE.

Un sou... chacun.

CUPIDON.

C'est bien ainsi que je l'entends. (*Au Passe-Temps.*) Mais voyons d'abord, toi, mon petit : qui es-tu ?

LE PASSE-TEMPS.

Le Passe-Temps.

CUPIDON.

Le Passe-Temps... Je lui consacrerais bien un quart-d'heure dans un cabinet littéraire...

LE PASSE-TEMPS.

J'ai débuté par un roman de Paul de Kock : M. Choublanc, un mari qui court après sa femme.

CUPIDON.

Oh ! c'est bien invraisemblable !... et puis, quel titre : M. Choublanc !

LE PASSE-TEMPS.

AIR : *Au coin du feu.*

C'est un roman comique,
Très-gai, très-drolatique.

CUPIDON.

En débutant,
Même pour faire rire,
Un journal doit-il dire
Qu'il fait choublanc ?

L'OMNIBUS.

Moi, je m'appelle l'Omnibus, et, tous les jours, je reçois des lettres de nouveaux abonnés.

CUPIDON.

L'Omnibus reçoit des lettres ?... au fait, il n'y a pas d'omnibus sans correspondance ; mais combien payes-tu tes rédacteurs ?

L'OMNIBUS.

Je les paye un centime la ligne.

CUPIDON.

Alors, on doit se méfier des lignes d'omnibus... (*Au Dimanche.*) Et toi, mon garçon?

LE DIMANCHE.

Moi, je suis le Dimanche; je parais le samedi.

CUPIDON.

Parce que tu t'appelles le Dimanche... — c'est naturel. — Et vous autres?

LE JOURNAL POUR TOUS.

Moi, je suis le Journal pour Tous : je publie des romans, des histoires. Je suis le premier des journaux à un sou, et c'est pour ça que je me fais payer dix centimes.

CUPIDON, galamment.

Vous n'êtes pas trop cher, à ce prix-là.

LA BALANÇOIRE.

Moi, je suis la Balançoire.

LE PETIT JOURNAL POUR RIRE.

Moi, le Petit journal pour rire.

CUPIDON.

Le Petit?... Mais il y en avait un grand.

LE PETIT JOURNAL POUR RIRE.

Il existe toujours... nous existons tous les deux.

CUPIDON.

Connu! connu!

AIR : *Le petit mot pour rire.*

Vous prîtes un titre banal
Et c'est avec le grand journal
Que vous faites le vôtre :
Mais le petit, fait au hasard,
N'a d'art (*4 fois.*)
Que ce qu'il prend à l'autre.

LE PETIT JOURNAL POUR RIRE.

Eh! quoi! vous osez dire?

CUPIDON.

Tenez, mes petits amis, votre littérature à un sou ne me sourit pas; je préfère y mettre le prix et avoir un bon journal.

SCÈNE VIII

LES MÊMES, FIGARO, entrant par la gauche et agitant un petit fouet.

FIGARO.

Un bon journal! présent! (*Il descend à la gauche de Cupidon.*)

Air : *Nouveau de J. Nargeot.*

Clic! clac! clic! clac! clic! clac!
Fouetter! fouetter! c'est ma méthode!
Clic! clac! clic! clac! clic! clac!
C'est le journalisme à la mode!
Fouetter! (*bis*) c'est ma méthode!
C'est le journalisme à la mode!

Dans mes colones sans rivales,
Mes amis,
A moi, tous les petits scandales
De Paris!
J'égratigne, sans prendre garde,
L'univers,
Et pourtant si l'on me regarde
De travers...
Clic! clac! clic! clac! etc.

Vite, abonnez-vous, pour voir comme,
En claquant,
J'éreinte tout sot qui m'assomme,
Tout croquant!
J'éreinte tout... c'est mon système
A jamais...
Et je m'éreinterais moi-même...
Si j'osais!
Clic! clac! clic! clac! etc.

CUPIDON.

Quoi! vous seriez Figaro, l'ancien barbier?

FIGARO, *d'un ton très-insolent.*

Oui, mon brave homme; un journal qui fait la barbe à tout le monde... à moi seul, j'ai plus d'esprit que Diderot, Voltaire et Rivarol... et je suis modeste! Il n'est pas un journal plus sérieux, plus mordant, plus pétillant, plus scintillant, plus exubérant! et je suis modeste!... Il n'en est pas de plus gai, de plus spirituel, de plus littéraire, de plus amusant! Et je suis modeste, sacrebleu!

CUPIDON.

Ah! modeste!

FIGARO.

Est-ce que vous doutez de ce que je dis?

CUPIDON.

Moi?... par exemple!

FIGARO.

Votre intention serait-elle de m'insulter?

CUPIDON.

Mais non, Monsieur.

FIGARO.

Ah! mais, ne me regardez-pas de côté, vous!... ah! mais, ne me regardez pas de côté.

CUPIDON.

Mais, sapristi! je ne vous regarde pas de côté!

FIGARO.

Je suis très-gai; mais je n'aime pas qu'on rie... Je suis grand prévôt, connu par mes salles d'armes... Êtes-vous mécontent de mes articles? de mes échos de Paris?... de mes nouvelles à la main?... Marchons!

CUPIDON.

Mais je ne les lis seulement pas vos articles!

FIGARO, le prenant au collet et le secouant.

Vous ne connaissez pas mes articles?... Je vous en demande raison!... Suivez-moi, monsieur, marchons! (*Il cherche à l'entraîner.*

CUPIDON, passant à la gauche de Figaro.

Non, monsieur, je ne vous suivrai pas! D'abord, il est très-difficile de vous suivre; vous prétendez que vous êtes gai, spirituel, amusant?... voilà d'abord ce qu'il faudrait me prouver: quels sont vos articles de fond?

FIGARO.

Les bagnes.

CUPIDON.

Les bagnes?

FIGARO.

Les forçats du 13e.

CUPIDON.

Les forçats de mon arrondissement?

FIGARO.

L'histoire de Castaing, l'histoire de Lacenaire.

CUPIDON.

Miséricorde!

FIGARO.

Le monde des voleurs.

CUPIDON.

Encore!

FIGARO.

Les malingreux, les rafalés, les coquillards, les francs-mitoux, les sabouleux, les courtauds de Boutanche.

CUPIDON.

Assez! assez!... Et voilà le journal le plus gai, le plus spirituel, le plus amusant!...

L'OMNIBUS.

Oui, monsieur, c'est un insolent!

LE PASSE-TEMPS.

Un drôle!...

LE JOURNAL POUR TOUS.

Un imposteur!...

TOUS.

Oui! oui!

FIGARO.

Et vous, vous êtes un tas de polissons!

LES PETITS JOURNAUX.

Ah!... (Cupidon passe à l'extrême droite.)

FIGARO, leur jetant des cartes au nez.

Voilà ma carte : Figaro, rue Vivienne. — Six contre un!... ça me va! (*Il leur donne des coups de fouet pendant le chœur suivant.*)

LES PETITS JOURNAUX.

AIR : *De l'amour.* (J. Nargeot.)

Pour punir votre insolence,
En ces lieux nous reviendrons,
Et nous vengerons l'offense
Que de vous nous recevons.

(*Les petits journaux sortent par le fond à gauche. — Figaro les reconduit en leur donnant des coups de fouet; puis il redescend à droite. Cupidon a passé à gauche.*)

FIGARO, à Cupidon.

Ah! monsieur, quel misérable métier que celui de journaliste! Ne pas pouvoir traiter quelqu'un de polisson et d'imbécile sans qu'il se fâche!

CUPIDON.

C'est absurde!

FIGARO.

Et voilà la liberté de la critique, monsieur!...

CUPIDON.

C'est ignoble!

FIGARO.

Ainsi, vous êtes affreux, vous.

CUPIDON, formalisé.

Comment, ça?

FIGARO, très-doucereux.

Vous me faites l'effet d'un idiot pur sang... Naturellement, je l'imprime dans mon journal... et parce que dix-huit cent mille personnes sauront demain que vous êtes laid et bête, vous aurez la platitude de m'en vouloir, à moi, qui ai tout simplement dit mon opinion sur votre compte.

CUPIDON, *se fâchant.*

Ah çà! permettez, jeune homme!...

FIGARO.

Je suis la seule feuille indépendante!... le dieu du jour!... Abonnez-vous, mon brave homme, abonnez-vous!

AIR *nouveau de M. Montaubry.*

Je suis Figaro!
On me crie : haro!
Chaque numéro
Scandalise la capitale.
Vive le scandale!
On me voit partout
M'abattre sur tout!
Je suis partout,
J'éreinte tout!
Je suis Figaro!
On me crie : haro!
Chaque numéro
Scandalise la capitale,
Vive le scandale!
On me voit partout,
M'abattre sur tout,
Éreinter tout!
Oui, tout!

Jamais mon journal,
Original
Et véridique
Ne dira de bien
Ni de personne, ni de rien.
Sans pitié j'ai mis
Au pilori de la critique
Tous mes ennemis,
Et surtout mes meilleurs amis!
Visant à l'effet,
Je suis satisfait,
Quand sur un méfait
Je puis exercer ma satire.
Partout on admire
Les mots que je fais;
Pourtant je ne fais
Que les mots qu'on a déjà faits.
Mais pourquoi de la sorte
Égratigner les gens?
Qu'est-ce que ça rapporte?

Parbleu ! cent mille francs !
Lorsque j'éreinte un homme,
Il court le lendemain
M'acheter, pour voir comme
J'éreinte son voisin !
Je suis Figaro !
On me crie : haro ! etc.
Mais, foi de barbier,
Dans ce métier
Tout n'est pas rose ;
Et par mes excès,
Je m'expose
A bien des procès.
Alors Figaro
En agneau
Se métamorphose ;
Mais de sentiment
S'il change, c'est par jugement.
Pour chaque délit,
Vite on me poursuit,
Et lorsque j'ai dit
Qu'un ouvrage est mauvais ou bête...
Huissiers et requête...
Sans aucun répit,
L'auteur me prescrit
De lui trouver beaucoup d'esprit.
Quand je dis qu'une actrice
A quarante-cinq ans,
Aussitôt la Justice
Me prouve que je mens.
Il faut que j'insinue
A tous ses prétendants
Que c'est une ingénue
Qui n'a pas fait ses dents.

(Parlé.) Mais ça m'est égal ! .. On s'est fâché ! .. Mon numéro s'est vendu !... etc'est tout ce que je voulais... (Reprise de l'air.)

Je suis Figaro ! etc.

CUPIDON.

Mon cher Figaro, je m'abonne !

FIGARO.

Vingt-huit francs par an... Rue Vivienne, 55, au fond de la cour... mais je vous éreinterai tout de même.

CUPIDON.

Maintenant, en ma qualité d'abonné, voulez-vous me permettre de vous dire une chose désagréable ?

FIGARO, lui serrant la main.

Avec le plus grand plaisir!

CUPIDON.

Un petit conseil d'ami que je vous donne en passant.

FIGARO, commençant à froncer le sourcil.

Un conseil!

CUPIDON.

(Air : *Vaudeville de Fanchon.*)

Tout comme votre père,
Dans vos jours de colère,
Vous attaquez par-ci par-là;
Mais il est dans l'histoire
Des noms que chacun estima...
Ces noms font notre gloire!
Ne touchez pas à ça!

Sur les vaudevillistes,
Sur les feuilletonistes
Frappez fort... chacun en rira;
Mais, dans votre humeur noire,
D'un poëte, qui nous sauva,
N'attaquez pas la gloire!
Ne touchez pas à ça!

FIGARO.

Pas mal... pas mal...

CUPIDON.

J'ai improvisé ça rue ci-devant Coquenard... Ça ne vous contrarie pas?...

FIGARO.

Moi?... par exemple!... Au contraire... (Lui donnant la main.) Touchez là.

(*Même air.*)

Votre couplet m'enchante!
Pour que chacun le chante,
Dans mon journal il paraîtra.
Qu'importe qu'on me blesse!
Jamais l'esprit ne m'offensa.
Vous savez mon adresse :
Envoyez-moi tout ça.

ENSEMBLE.

FIGARO.

Vous savez mon adresse, *etc.*

CUPIDON.

Très-bien! j'ai votre adresse :
Je vous enverrai ça.

(Figaro sort par la droite. — Le marchand de joujoux entre par la gauche, entouré de petits enfants, qui sautent après lui, pour avoir les joujoux qu'il tient.)

SCÈNE IX

LE MARCHAND DE JOUJOUX, CUPIDON.

LE MARCHAND DE JOUJOUX.

AIR : *du Bonhomme Dimanche.* (LOISA PUGET).

Je suis l' marchand de joujoux.
Jeunes garçons, jeunes fillettes,
Voici l' marchand de joujoux !
Vite ! à ma voix accourez tous !
Venez, pantins que vous êtes ;
Prenez mes marionnettes ;
Venez faire vos emplettes ;
A ma voix venez tous :
Voilà (*bis.*) l'marchand de joujoux ! (*bis.*)

(Il distribue ses joujoux aux petits enfants, qui sortent tous par la droite, en courant joyeusement.)

De tous les grands enfants
J' connais les penchants,
Je sais ce qui les tente ;
Et, chaque mois, j'invente,
J'invente pour eux
Des joujoux merveilleux :
Venez, époux jaloux,
Venez, célibataires,
Grands seigneurs, prolétaires,
Je travaille pour vous.
Accourez tous ! (*bis*).
Je suis l'marchand de joujoux ! *etc.*

CUPIDON.

Qu'est-ce qu'il dit? qu'est-ce qu'il dit?... Vous faites des joujoux pour les grandes personnes?

LE MARCHAND.

Mais oui, monsieur, travailler pour les petits enfants, ce n'était pas assez pour mon génie! A moi l'invention!... L'invention, c'est le joujou des grands enfants, on l'admire, on l'achète, on s'en lasse, on le brise, on l'oublie et l'on passe à un autre.

CUPIDON.

Et l'année a-t-elle été heureuse?

LE MARCHAND.

Oh! oui, monsieur. Tenez... voulez-vous voir un joujou qui fait fureur?... Regardez... (Il fait un signe. — Ici l'on voit sortir de terre six petits chalets rangés les uns à côté des autres. Sur les côtés de petits arbres semblables à ceux qui accompagnent les petites maisons qu'on donne dans des boîtes aux enfants. Tout cela doit être fait en miniature, mais les chalets élevés d'un mètre au moins, doivent être exactement semblables à ceux de l'avenue Trudaine.)

CUPIDON.

Mais, c'est tout un hameau!

LE MARCHAND.

Les nouvelles maisons mobiles. Ceci vous représente le village des Martyrs, situé près des Abattoirs.

CUPIDON.

Mais ce sont des châlets suisses...

LE MARCHAND.

Oui, monsieur, la Suisse à la banlieue. Quand on est aux Abattoirs, on se croit dans le canton de Vaud.

AIR : *Du Piége.*

J'ai remplacé, dans le haut d'un faubourg,
La bergère par la bourgeoise ;
J'ai remplacé les chèvres de Fribourg
Par de petits veaux de Pontoise ;
J'ai remplacé par maint châlet riant,
Vos ignobles maisons de plâtre...
Bref, c'est la Suisse.

CUPIDON.

Et le Mont-Blanc?

LE MARCHAND.

Je l'ai remplacé par Montmartre. (*bis.*)

CUPIDON.

Mais j'y pense, monsieur, dans ces maisons de bois, on ne pourra pas mettre de feu dans la cheminée, sans mettre le feu à la cheminée.

LE MARCHAND.

Mais, monsieur, ces maisons n'ont pas de cheminées.

CUPIDON.

Pour se chauffer on mettra le feu à la maison.

LE MARCHAND.

Mais non, monsieur, il y aura des calorifères.

CUPIDON.

Dans ces maisons?...

LE MARCHAND.

Non, monsieur, en dehors.

CUPIDON.

Ah! l'on ira se chauffer dehors.

LE MARCHAND.

Mais pas du tout ; les calorifères chaufferont en dedans.

CUPIDON.

Mais alors, cela revient au même. Si vos calorifères chauffent vos maisons de bois, le feu prendra au bois de vos maisons, et vos locataires seront flambés.

LE MARCHAND.

On n'allumera pas les calorifères.

CUPIDON, *émerveillé.*

Ah! comme ça, c'est parfait!...

LE MARCHAND.

Mais remarquez l'avantage... des maisons portatives, qui vous transportent où l'on veut.

CUPIDON.

Eh bien ! monsieur, transportez-les ailleurs, car elles ne me transportent pas.

LE CUPIDON.

Rien de plus facile.

AIR : *Tout ça passe en même temps.*

Jadis, pour déménager,
F'allait des ch'vaux, des charrettes;
Pour ne plus vous déranger,
Nos maisons sont à roulettes ;
Et, sans commissionnaires,
Dans les déménagements,
Maisons, meubles, locataires...
(*Montrant les maisons qui s'en vont.*)
Tout ça file, (*ter*) en même temps.

CUPIDON, passant à gauche.

Ah! pour un joujou, c'est un bien beau joujou.

LE MARCHAND.

En voulez-vous un plus chevaleresque?

CUPIDON.

Un joujou chevaleresque?

LE MARCHAND.

Regardez ! (Il fait un signe.) (Ici paraît la statue de François Ier.)

CUPIDON.

Qu'est-ce que c'est que ça?

LE MARCHAND

La statue équestre de François Ier.

CUPIDON.

Ah ! le beau cheval! ah ! sapristi ! le beau cheval !

LE MARCHAND.

N'est-ce pas qu'il est superbe?

CUPIDON.

Magnifique !... mais François Ier semble triste. On dirait qu'il a du chagrin.

LE MARCHAND.

Ah ! c'est qu'il a peut-être entendu parler de l'hippophagie.

CUPIDON.

L'hippophagie ! qu'est-ce que c'est que ça?

LE MARCHAND.

Une nouvelle découverte qui doit bien contrarier François Ier.

CUPIDON.

Bah !

LE MARCHAND.

AIR : *Des cinq codes.*

Ce roi, l'orgueil des gentilshommes,
Là, sur ce beau cheval tout neuf,
Semble apprendre qu'un jour les hommes
Prendront du cheval pour du bœuf.
Or, voyez comme il semble à plaindre,
Monté sur ce gros animal.
François premier a l'air de craindre
Que l'on ne mange son cheval.

ENSEMBLE.

Oui, François premier semble craindre
Que l'on ne mange son cheval.

CUPIDON.

Comment, monsieur, de nos jours on mangerait ?...

LE MARCHAND.

Du cheval, oui, monsieur, c'est excellent sans selle.

CUPIDON.

Ah ! sans sel ?...

LE MARCHAND.

Ah ! l'on peut manger tous les morceaux sans les trier.

CUPIDON.

Voulez-vous me faire disparaître tout cela de suite. (La statue disparait.)

LE MARCHAND, passant à gauche.

Préférez-vous un joujou plus anacréontique?... Voilà ! (Il fait un signe. — Au fond parait une forge de serrurier. — On y voit pendus des jupons en fer. — Quatre forgerons, armés de marteaux, entrent par le troisième plan, à gauche. — Le marchand sort un instant par le deuxième plan, à gauche.)

CINQUIÈME TABLEAU

SCÈNE X

CUPIDON, QUATRE FORGERONS; puis LE MARCHAND puis UNE JEUNE FILLE; puis UNE NOCE.

CHŒUR DES FORGERONS.

AIR *nouveau de J. Nargeot.*

Gloire au forgeron !
Patapon, patapon,
Quand un tendron
Veut un jupon,
Patapon, patapon,
Il est plus rond
Plus pudibond,
Patapon, pon, pon !
Patapon !

LE MARCHAND, *rentrant en forgeron.*

Grâce à de superbes réclames,
Le forgeron prend son essor,
Et fait payer aux grandes dames
Leurs sous-jupes au poids de l'or.
Mais quant à vous, pauvres grisettes,
Si, par hasard, vous manquez d'fonds,
Apportez vos pell's et pincettes...
On vous en fera des jupons
Chez le forgeron !

CHŒUR.

Patapon, patapon,
Quand un tendron, *etc.*

(*Les forgerons sortent par la gauche, sur un signe du marchand.*)

CUPIDON, au Marchand.

Pardon, monsieur... quels sont donc ces ouvriers?...

LE MARCHAND.

Ce ne sont pas des ouvriers; c'est mes ouvrières, mesdemoiselles de magasin... mes modistes.

CUPIDON, riant.

Oh! les drôles de demoiselles !

LE MARCHAND.

Nous nous sommes associés pour la confection d'un joujou nouveau. Nous fabriquons des jupons en fer, en cuivre, en acier. Je suis l'inventeur des sous-jupes inaffaissables.

CUPIDON.

Inaffaissables ?

LE MARCHAND.

Oui, monsieur: la crinoline est distancée. Avec les sous-jupes en crinoline, on s'asseyait encore; avec les miennes, impossible de s'asseoir.

CUPIDON.

Quel progrès!

LE MARCHAND, appelant.

Ramponeau! (Un forgeron entre par la gauche, tenant un jupon en fer. — A Cupidon, en lui désignant le jupon.) Tenez, monsieur, admirez cette invention sublime!...

CUPIDON.

Sapristi! que c'est beau!

LE MARCHAND.

Air: *de Lauzun*.

C'est un rempart, c'est un fort crénelé!
A mille trésors il fait croire.
Aussi l'amour est-il affriolé
Par le butin que promet la victoire.
Mais, le rempart une fois pris,
Souvent l'amour se déconcerte,
Etonné de n'avoir conquis
Qu'une place presque déserte.
Oui, trop souvent, il n'a conquis, etc.

CUPIDON, qui ne comprend pas tout de suite.

Ah!... (Riant.) Dites donc, vous êtes trop anacréontique... mais permettez-moi une réflexion... En temps d'orage, ce vêtement de fer peut avoir des inconvénients; le fer attire la foudre.

LE MARCHAND.

Monsieur, j'ai prévu cette objection et j'ai paré à l'inconvénient. Regardez. (Appelant.) Ramponeau! (Le forgeron rentre par la gauche, tenant par la main une jeune fille en jupon court; sur ce jupon une carcasse en fer et sur sa tête un paratonnerre qui communique au jupon par un fil électrique.)

CUPIDON.

Que vois-je?... Bigre! voilà une coiffure que les femmes n'ont point eue.

LE MARCHAND.

Et qui fera fureur en 1857. Si le tonnerre tombe sur madame, il glissera le long du paratonnerre, suivra le fil électrique et ira se perdre dans l'ourlet du jupon transformé en bassin pour le recevoir.

CUPIDON.

Et madame se promènera avec le tonnerre dans son ourlet. Tiens, tiens, tiens, c'est agréable. (Le forgeron sort par la gauche avec la jeune fille.)

LE MARCHAND, à Cupidon.

Eh bien, monsieur, qu'en dites-vous ?

CUPIDON.

Je dis que c'est une invention diabolique. Que voulez-vous que deviennent les amoureux si toutes les femmes se cuirassent de fer?

LE MARCHAND.

J'ai un palliatif à cela, un contre-jupon encore plus anacréontique. Vous allez voir. (Il sort un moment par la gauche.)

CUPIDON, gagnant l'extrême droite.

Un joujou encore plus anacréontique? Je suis curieux de le connaître.

LE MARCHAND, rentrant, en tenant un manteau et allant à Cupidon.

Tenez, monsieur, voyez-vous ceci ?...

CUPIDON.

Ce manteau ?...

LE MARCHAND.

Il est aimanté.

CUPIDON.

Aimanté ?

LE MARCHAND.

Et comme l'aimant attire le fer... (Ici entre par la droite une noce, avec le marié et la mariée en tête.)

CHŒUR DE LA NOCE.

AIR : *Gai! gai! marions-nous!*

Gai ! gai ! marions-nous !
L' mariage
Nous engage.
Gai ! gai ! marions-nous !
C'est le bonheur le plus doux !

UNE DAME DE LA NOCE, désignant la boutique du forgeron à son cavalier.

Ah! voyez donc, Arthur, des sous-jupes en fer !...

TOUTES LES DAMES, s'arrêtant au fond.

Des sous-jupes en fer !

LE MARIÉ.

Ah ! Dieu! une femme peut-elle mettre de ces horreurs-là !

TOUTES LES FEMMES.

Ah! quelle infamie !

LE MARCHAND, bas à Cupidon.

Quelle infamie ! je parierais qu'elles en ont toutes.

CUPIDON, qui a mis le manteau, bas.

Nous allons voir, monsieur. (Il gagne le milieu du théâtre.)

TOUTES LES DAMES, entraînées vers Cupidon.

Eh bien!... eh bien!... qu'est-ce que j'ai donc?... (Leurs cavaliers cherchent à les retenir. — Les robes leur restent dans les mains. — On aperçoit alors les dames en jupons courts recouverts de carcasses en fer.)

CUPIDON, enveloppé par toutes les femmes et criant.

Mais qu'est-ce que cela veut dire?

LE MARCHAND, dans le coin à droite.

Cela veut dire qu'elles en ont toutes!

ENSEMBLE.

AIR *des trois sultanes.* (J. Nargeot.)

CUPIDON.

Ciel! qu'est-ce qui se passe?
Ah! malgré vos attraits,
Éloignez-vous, de grâce,
Sinon, j'étoufferais!

LES FEMMES.

Ciel, qu'est-ce qui se passe?
Serais-je désormais
Clouée à cette place,
Pour n'en sortir jamais?

(*Cupidon fait de vains efforts pour se séparer des dames qui l'enveloppent, Les amoureux tirent les femmes par les bras. Le forgeron rit, les dames poussent des cris.*)

Ici tombe un rideau de manœuvre.

SIXIÈME TABLEAU

Dans la salle.

SCÈNE II

Mme MITOUFFLET, puis Mme PETIT-BANC, puis ROSALIE et M. MERLUCHE.

Mme MITOUFFLET, paraissant à la première galerie, à droite.

Madame Petit-Blanc!... (A la cantonnade.) Oui, monsieur, soyez tranquille... je suis t'à vous. (Enjambant une banquette.) Pardon, messieurs, mesdames... (Appelant.) Madame Petit-Banc!...

Mme PETIT-BANC, paraissant au milieu de la deuxième galerie.

Qui qui m'appelle?...

Mme MITOUFFLET.

C'est moi, mame Petit-Banc. Vous n'aureriez pas un entr'ac' de reste?

Mme PETIT-BANC.

Non, ma chère, je viens de vendre ma dernière entr'ac' à un monsieur, qui ne me l'a pas payée, et, comme je ne le vois plus, j'crois qu'il a profité de l'entr'ac' pour filer z'avec.

Mme MITOUFFLET.

Sapristi !... je suis contrariée de ça. Vous n'aureriez pas vu ma fille Rosalie dans le couloir ?

Mme PETIT-BANC.

Non, mame Mitoufflet.

Mme MITOUFFLET.

Pauvre jeune fille !... Ouvreuse de loges à vingt ans !... Elle qui a tant de vertu, tant d'innocence !... (A madame Petit-Banc.) Croyez-vous qu'il lui en reste ?

Mme PETIT-BANC.

De l'innocence ?

Mme MITOUFFLET.

Non, des entr'ac'.

Mme PETIT-BANC.

Je crois qu'elle a tout vendu. (Ici l'on entend pousser un cri déchirant au premier balcon de gauche.)

ROSALIE, au premier balcon de gauche.

Ah !... (A un monsieur placé à sa gauche.) Voulez-vous bien finir, manant !...

Mme MITOUFFLET.

Ah ! c'est la voix de Rosalie !

ROSALIE, regardant le monsieur.

Comment, c'est vous, monsieur Merluche ?... Oh ! c'est différent.

Mme MITOUFFLET.

Quoi ?... Qu'est-ce qu'y a ?... Qu'est-ce qu'on t'a fait ?

ROSALIE.

Rien, maman... C'est un monsieur que je connais.

Mme MITOUFFLET.

Ah ! si tu le connais... Mais où t'est-ce que t'es donc z'allée aujourd'hui, que je ne t'ai pas vue de la journée ?

ROSALIE.

Je suis été au collége de France, oùs qu'on instruit les poissons.

Mme PETIT-BANC.

Comment, les poissons vont s'induquer au collége ?

ROSALIE.

Mais, certainement. C'est l'inducation des poissons aristos, qui font leurs inhumanités au collége de France.

Mme MITOUFFLET.

Ah! ben, en v'là une bonne!... Des poissons qui vont à l'école.

ROSALIE.

Pardine! on ne parle plus que d'*école de poisson*.

Mme MITOUFFLET.

C'est-y pas ça qu'on appelle la pichiculture?

ROSALIE.

Non, pas pichi, maman,.. piséculture.

Mme PETIT-BANC.

Ah! mam'selle Rosalie, vous qui êtes si savante, dites-nous donc c'que c'est que c'tte nouvelle invention-là.

ROSALIE.

V'là c'que c'est!... (Jetant un cri.) Ah!...

Mme MITOUFFLET.

Quoi donc?... Qu'est-ce que c'est?...

ROSALIE, regardant Merluche.

Rien, maman... Je le connais... Vous achetez, que je suppose, un n'hareng mâle et un n'hareng femelle... Vous les unissez dans un bocal... et quand vous voyez que les z'harengs fraient, vous attendez le soir et vous prenez le frai.

Mme PETIT-BANC.

Bon!

ROSALIE.

Vous mettez le frai au frais... et, au bout de quéque temps, le petit t'hareng sort... V'là c'que c'est que la piséculture.

Mme PETIT-BANC.

Je comprends ça, je comprends ça... Mais pourquoi les envoyer au collége?

ROSALIE.

Pour qu'ils apprennent à carculer.

Mme PETIT-BANC.

Des poissons, allons donc!

ROSALIE.

Tiens, les poissons multiplient très-aisément... Y a même des poissons lettrés.

Mme PETIT-BANC.

Laités!

ROSALIE.

Non, lettrés... des poissons qu'on met au latin.

Mme MITOUFFLET.

Je les aimerais mieux au gratin qu'au latin, moi... Chacun son goût.

ROSALIE, *jetant un cri.*

Ah!...

Mme MITOUFFLET.

Quoi donc?... Qu'est-ce que c'est?

ROSALIE, *regardant Merluche.*

Rien, maman. Je le connais... Tiens, maman, tu connais bien monsieur Grassot, qui joue les pères nobles au Palais-Royal?...

Mme MITOUFFLET.

Qui?... Ce petit, que tu m'as présenté l'autre jour, et qui m'a fait danser l'*acrostiche* au bal des artistes?

ROSALIE.

Eh bien! il est professeur de chant au collége de France. C'est lui qui montre à chanter aux poissons.

Mme MITOUFFLET.

Comment, monsieur Grassot oserait?...

ROSALIE.

Oui, ce monsieur Grassot-*là lose!* Il a même tant fait chanter les poissons, qu'il en a attrapé un petit enrouement, qui n'est pas encore tout à fait guéri. Heureusement que le public ne s'en aperçoit pas et qu'il l'applaudit comme si c'était un ténor. (*Ici on entend derrière le rideau une musique bruyante.*)

Mme PETIT-BANC.

Qu'est-ce que c'est que ça?...

ROSALIE.

Cette musique vous annonce la grande fête qui se donne au Pré-Bataclan... (*Tirant un papier de sa poche.*) Voilà le prospectus.

Mme MITOUFFLET.

Eh bien! lis-nous ça, ma fille.

ROSALIE.

Oui, maman. (*Lisant.*) « Pré-Bataclan. — Grande fête de nuit. » — Pour cette fois seulement, les danseurs espagnols de Car- » pentras (*Andalousie*), ayant à leur tête la célèbre sénora AL- » PHONSINÈS, danseront les pas les plus épatandos. — La fête des » Taureaux, ballet espagnol. — Primas. — Retour du Toréa- » dor. Il raconte sa petite affaire et exprime par des gestes qu'il » est heureux de revoir ses cousines. — Deuxiémas. — La Gui- » bolinas, pas de huit. — Les cousines expriment par leurs » danses que le retour du cousin les botte. — Troisiémas. — » Entrée de la sénora Alphonsinès. — Les Blaguadas, pas can- » canas, las tambourinas et cæteras, etcæteras...» (*A Merluche.*) Le Pré-Bataclan! Oh! monsieur Merluche, menez-m'y!

Mme MITOUFFLET.

Ma fille, je vous défends de vous commettre avec monsieur dans une fête publique.

ROSALIE.

Tiens, pourquoi donc ça?... Je suis majeure... maman, tu mettras la clef sous le paillasson.

Mme MITOUFFLET.

N'y va pas!...

ROSALIE.

Maman, je vous respecte... mais je vous dis flûte!... (Elle sort avec Merluche.)

Mme MITOUFFLET.

Ah! mame Petit-Banc, venez me recevoir... Je vais m'évanouir! (Elle sort.)

Mme PETIT-BANC.

Ah! jour du ciel!... que d'aventures!... (Elle sort. L'orchestre exécute quelques mesures, et le rideau se lève.)

SEPTIÈME TABLEAU

Le Pré Bataclan.

Le théâtre représente une vue du Pré Catalan.

(Au lever du rideau, un flot de promeneurs se précipitent en scène.)

SCÈNE XII

PROMENEURS, puis LES DANSEURS ESPAGNOLS.

CHŒUR.

AIR : *D'un pas espagnol.*

Accourons-tous! que la fête commence!
Castagnettes et folle danse
Vont tour-à-tour,
Dans ce brillant séjour,
Et s'animer,
Et nous charmer.

(*Entrée des danseurs espagnols.*)

BALLET ESPAGNOL.

ACTE III

HUITIÈME TABLEAU

Le théâtre représente l'intérieur du café Parisien.

SCÈNE I

UNE ARMÉE DE GARÇONS; ensuite, CARAFON Ier. *(Au lever du rideau les garçons de café vont et viennent, en traversant le théâtre dans tous les sens.)*

CHŒUR.

AIR : *Des Huguenots.*

Allons,
Garçons
D'un café magique,
Courons,
Volons,
Chaud! chaud! dépêchons!
Allons,
Garçons,
Servons la pratique;
Courons,
Volons,
Ouvrons
Nos salons.

CARAFON Ier, entrant par la gauche.

Silence! et chacun sous les armes. Attention au commandement; garçons de billards... arche!... *(Huit garçons armés de queues de billard descendent en ligne, la queue au port d'armes.)*

CARAFON Ier.

Garçons! des canettes! arche!... *(Huit petits garçons de café armés de petites canettes, exécutent le même mouvement.)*

CARAFON Ier.

Garçons! des demi-tasses! arche!... *(Huit garçons descendent avec des plateaux garnis de leurs accessoires.)*

CARAFON Ier.

Garçons verseurs! arche!...

QUATRE GARÇONS VERSEURS.

Boum!... *(Ils viennent se joindre aux garçons des demi-tasses.)*

CARAFON Ier.

Messieurs, c'est aujourd'hui, dans un instant, quand la pendule de l'établissement qui a coûté six cent mille francs, aura sonné six heures, que nous laisserons six cent mille personnes se précipiter six cent mille fois dans les six cent mille salons de ce café, qui a coûté six cent millions. C'est le café Parisien, messieurs, le plus grand café du monde... en entrant par la rue de Bondy. Ce n'est pas un café, messieurs, c'est un palais Florentin, une mosquée chinoise, un temple californien, c'est un théâtre féerique!... c'est une féerie encore plus extraordinaire que la féerie du Palais-Royal. Ici la bière arrive directement et par des conduits souterrains de Strasbourg, de Lille et de Lyon. Souvenez-vous, messieurs, que vous ne devez pas demander d'argent aux consommateurs. Vous devez payer vous-même avec votre propre argent, que vous jetterez, en passant au comptoir, dans un truc ; le truc vous en rendra la monnaie. Tout se fait par truc au café Parisien; nous avons le truc, ne l'oubliez pas. — Six heures moins deux minutes à mon horloge de six cent mille francs!... Garçons à vos tables!... arche!...

REPRISE DU CHŒUR.

Allons,
Garçons, etc.

(*Les garçons défilent devant Carafon Ier et sortent à droite et à gauche. Carafon Ier sort le dernier par la droite.*

SCÈNE II

CUPIDON; puis les garçons ; puis Carafon 1er. CUPIDON, entrant par la droite.

Un café... tiens, c'est assez joli ici... comment diable peuvent-ils payer tout ce luxe avec le prix des choppes et des demi-tasses? (*Allant s'asseoir à une table à gauche.*) Garçon! une demi-tasse.

TOUS LES GARÇONS, lui apportant à la fois ce qu'il demande.

Voilà!... boum!...

CUPIDON, se levant.

Comment, voilà... je vous demande une demi-tasse... je ne vous en demande pas trente; je n'en veux qu'une. (*Tous les garçons s'en vont sans le servir.*)

CUPIDON.

Je n'en veux qu'une ; mais j'en veux une... saperlotte... j'en voudrais une.

CARAFON, entrant par la droite.

Mes affiches ne se voient pas... elles n'ont que six mètres de haut, ce n'est pas assez.

CUPIDON.

Qu'est-ce que ça me fait à moi, vos affiches? je demandais...

CARAFON Ier.

Et puis, j'ai deux sorties et je n'ai qu'une seule entrée ; je crois que c'est un tort.

CUPIDON.

Vous croyez?

CARAFON Ier.

Oui, j'aurais dû faire faire deux entrées et pas de sorties.

CUPIDON.

Le fait est qu'on aurait pu sortir par vos entrées.

CARAFON Ier.

Et entrer par mes sorties; c'est une idée.

CUPIDON.

Pardon, monsieur, est-ce à M. Duval, l'architecte, que j'ai l'honneur de parler?

CARAFON Ier.

Mieux que cela, monsieur!.., à Carafon Ier, au plus grand homme des temps modernes, à celui qui seul a compris le café, à celui qui lui élève des monuments, des temples, des palais, à celui qui veut transformer le monde en un vaste café et Paris en simple demi-tasse.

CUPIDON.

Saperlotte!

CARAFON Ier

AIR : *de J. Nargeot.*

Des cafés désormais,
Oui, la chance
Est immense;
Déjà, grâce au progrès,
Nous leur construisons des palais.

Voyez partout le luxe qu'on affiche!
Ce luxe-là doit augmenter encor.
Café Véry, café Foy, café Riche,
Café Véron, Tortoni, Maison d'Or.

Partout on aperçoit
Peintures
Et dorures,
Et le café, qu'on voit,
Vaut mieux que le café qu'on boit.

Percolateur, telle est le nom bizarre
D'une machine, immense marabout,
Qui ne donnait qu'un vieux café de *marc*
Que le public devait prendre *debout.*

Moi, mettant le buveur
A l'aise
Sur sa chaise,
J'enfonce avec bonheur
Ce blagueur
De Percolateur!

Je veux qu'ici l'univers trouve place,
Qu'un jour chez moi tout le public pressé,
Pour prendre sa demi-tasse, s'entasse
Et soit avec ou sans tasse entassé.
J'ai doré mes plafonds,
Mes lustres,
Mes balustres,
J'ai doré mes flacons,
Je ferai dorer mes garçons.

Bref, mon café, le meilleur de l'époque,
Est un moka, que j'obtiens sans moka;
Mais le public, qui du moka se moque,
De mon moka sans moka se moqua.
Des cafés désormais,
Oui, la chance
Est immense!
Déjà, grâce au progrès,
Nous leur élevons des palais!

(*Il sort par la gauche.*)

SCÈNE III

CUPIDON, *seul.*

Il est toqué et je ne suis pas servi. — Moi, qui dois passer une revue des théâtres que je n'ai pas visités depuis si longtemps. Eh! mais j'y pense, ce local est magnifique, et grâce à mon lorgnon magique je puis, sans sortir d'ici... Voyons d'abord ce que donnent les théâtres... (*prenant un journal sur la table de gauche et lisant*) l'*Opéra... Robert-le-Diable...* c'est beau... mais c'est vieux... passons... Le *Théâtre-Français : Tartufe, les Femmes savantes...* comment, toujours Molière? Ah! ça, mais les auteurs nouveaux sont donc bien *pauvres d'esprit...* ils ne font donc plus de pièces?

SCÈNE IV

LE BON VIEILLARD DE LA FANCHONNETTE, CUPIDON.

LE BON VIEILLARD, *entrant par la gauche, en se frottant les mains et trottinant.*

Si!...

CUPIDON.

Ils en font encore?

LE BON VIEILLARD.

Oui.

CUPIDON.

Où donc?

LE BON VIEILLARD.

Partout.

CUPIDON.

Et vous pourriez m'en montrer une?

LE BON VIEILLARD.

Oui.

CUPIDON.

Laquelle?

LE BON VIEILLARD.

Fanchonnette.

CUPIDON.

Fanchonnette?

LE BON VIEILLARD.

Jolie.

CUPIDON.

Succès?

LE BON VIEILLARD.

Grand.

CUPIDON.

Voyons?

LE BON VIEILLARD, montrant la gauche.

Voilà! (Il sort par la gauche, après l'entrée de la Fanchonnette.)

SCÈNE V

CUPIDON, LA FANCHONNETTE, FOULE DE CURIEUX, *puis* LE BON VIEILLARD. (La Fanchonnette entre par la gauche, soutenue par deux femmes et suivie de la foule. —Elle est vêtue en vieille.)

LA FANCHONNETTE.

AIR *de la Fanchonnette.*

Faible et chancelante,
J'arrive tremblante;
Je suis à présent
Bien vieille, et pourtant...
Malgré mainte ride,
Le public avide
Accourt à ma voix,
Tout comme autrefois.

Je fus jeune et belle,
Et sous ma dentelle
On pourrait encor
Voir plus d'un trésor.
Fortune, équipage,
J'eus tout en partage,
Et j'ai fait, jadis,
Parler tout Paris...
Ah! ah! ah!

REPRISE.

Faible et chancelante, etc.

CUPIDON, à la Fanchonnette.

Ah! madame a été riche?...

FANCHONNETTE.

Très-riche! Vous ne me connaissez donc pas?... Charlotte de Lystenay... veuve Antonio Mendoza?

CUPIDON.

Ah! vous êtes la veuve de ce pauvre Antonio?

FANCHONNETTE.

Mendoza... Vous l'avez connu?...

CUPIDON.

Si j'ai connu Mendoza... pas du tout...

FANCHONNETTE.

C'est comme moi.

CUPIDON.

Comment!... vous n'avez pas connu votre mari?

FANCHONNETTE.

Mais non!... *je n'ai jamais été mariée*... je ne suis pas la tante de mon neveu...

CUPIDON.

Voilà qui est fort...

FANCHONNETTE.

C'est une frime... un déguisement que j'ai pris pour le tromper, pour rendre au jeune prince tous ses biens, dont son vieil oncle m'a faite héritière...(Montrant son costume.) Tenez, soufflez là-dessus.

CUPIDON.

Que je souffle?

FANCHONNETTE.

Sans doute... voyons... soufflez!...

CUPIDON.

Soufflons!... (Le costume de la vieille tombe, et Fanchonnette paraît dans son éblouissant costume du deuxième acte.)

FANCHONNETTE.

Merci !

CUPIDON.

Ah ! sapristi !... la jolie femme !...

LA FANCHONNETTE.

AIR : *Boléro de la Fanchonnette.*

La Fanchonnette,
Toujours honnête,
Chante à Paris.
Ah ! ah ! ah ! ah !

LE BON VIEILLARD, arrivant par la droite et venant près de Fanchonnette qu'il interrompt.

Voilà !...

FANCHONNETTE.

Eh bien ! tu l'as vu ?...

LE BON VIEILLARD.

Oui.

FANCHONNETTE.

Il ne se doute de rien...

LE BON VIEILLARD.

Non.

FANCHONNETTE.

Tu lui as remis son brevet de colonel ?

LE BON VIEILLARD.

Oui.

FANCHONNETTE.

Pauvre ami, tu as bien couru.

LE BON VIEILLARD.

Couru.

FANCHONNETTE.

Es-tu fatigué ?

LE BON VIEILLARD.

Non.

FANCHONNETTE.

Alors, va-t-en.

LE BON VIEILLARD.

Oui... (Il sort par la gauche, toujours en trottinant.)

CUPIDON.

Ce bon vieillard m'intéresse... sa conversation n'est pas ennuyeuse ; mais elle manque de développement. Nous disions donc que vous héritez d'un vieux qui est l'oncle d'un neveu dont vous n'êtes pas la tante ?

FANCHONNETTE.

C'est ça, mais quand je veux rendre au neveu l'héritage de son oncle, le neveu qui sait bien que je ne suis pas sa tante, refuse noblement les bienfaits d'une tante qui n'était pas la femme de son oncle.

CUPIDON.

J'aime mieux la conversation du bon Vieillard... elle est moins embrouillée.

FANCHONNETTE.

Vous allez voir le moyen d'opéra comique que j'emploie pour tromper mon neveu... Tenez, supposons que vous êtes le jeune prince... vous venez de faire un banco... et vous n'avez pas de quoi payer... vous vous arrachez les cheveux de désespoir... arrachez-vous les cheveux...

CUPIDON.

Non... j'ai une perruque... ça ne ferait pas le même effet.

FANCHONNETTE.

Ah!... Moi, je suis à la Havane... je vois ça...

CUPIDON.

Vous voyez ça... de la Havane ?

FANCHONNETTE.

Parfaitement... et avant que vous ayez le temps de vous arracher une seconde poignée, je vous envoie le bon Vieillard... (Ici le bon Vieillard entre en trottinant par la gauche et met sur les bras de Cupidon un gros sac d'écus.)

CUPIDON *étonné*.

Qu'est-ce que c'est que ça ?... de l'argent ?

LE BON VIEILLARD.

Oui.

CUPIDON.

Faut-il un reçu ?

LE BON VIEILLARD.

Non.

CUPIDON.

Merci !

LE BON VIEILLARD.

Zut ! (Il sort en trottinant par la gauche.)

CUPIDON, *à la Fanchonnette.*

Ah ! c'est très-ingénieux... et c'est comme ça que vous rendez toute la fortune au jeune prince?

FANCHONNETTE.

Mon Dieu, oui !...

CUPIDON.

C'est très-délicat... et je devine le dénoûment... dans sa reconnaissance, il vous épouse?

FANCHONNETTE.

Dans sa reconnaissance... il en épouse une autre...

CUPIDON.

Eh bien ! et vous?... qu'est-ce que vous devenez?...

FANCHONNETTE.

Je redeviens ce que j'étais... chanteuse des rues... La Fanchonnette !...

AIR *de la Fanchonnette.*

Manants, auxquels je commande,
Vous tous, qui m'applaudissez,
Seigneurs, qui par votre offrande
Chaque jour m'enrichissez !
Ah ! ah ! la Fanchonnette,
Vous chansonnera,
Lon, larirette !
Ah ! ah ! la Fanchonnette
Vous chansonnera,
Lon, larira !

TOUS.

Ah ! ah ! la Fanchonnette
Vous chansonnera,
Lon, larirette, etc.

(Cupidon chante le refrain en frappant sur le sac que lui a remis le bon vieillard.)

LA FANCHONNETTE, *à Cupidon.*

Toi-même, qui fais ta tête,
En frappant sur tes écus,
Et qui, prenant ton air bête,
Déjà te crois un Crésus,
Ah ! ah ! la Fanchonnette
Te chansonnera,
Lon, larirette,
Ah ! ah ! la Fanchonnette
Te chansonnera,
Lon, larira !

TOUS.

Ah ! ah ! la Fanchonnette,
Te chansonnera,
Lon, larirette, etc.

(La Fanchonnette sort par la gauche, suivie de la foule.)

CUPIDON, *seul.*

Elle se moque de moi... heureusement que j'ai le sac... (*Il ouvre le sac.*) Des cailloux... (*Il le jette dans la coulisse.*) Ce bon Vieillard n'était qu'un filou !...

SCÈNE VI

CUPIDON, M. BASSECOUR, *il est costumé comme Chambéry dans les Faux Bonshommes.*

M. BASSECOUR, *entrant par la droite.*

Barrière... barrière des Bonshommes, s'il vous plaît ?

CUPIDON.

Vous dites ?

M. BASSECOUR.

Barrière des Bonshommes.

CUPIDON, *montrant la gauche.*

Toujours tout droit, monsieur.

M. BASSECOUR, *passant à gauche.*

Je vous remercie, monsieur. (*Fausse sortie.*)

CUPIDON, *à lui-même.*

Moi, je vais faire un petit tour au Vaudeville.

M. BASSECOUR, *s'arrêtant.*

Hein ! plaît-il, monsieur? vous avez parlé du Vaudeville? C'est un théâtre charmant qui vient d'obtenir un succès fabuleux, gigantesque, phénomenal... Ah ! j'en suis bien heureux ! ah ! j'en suis bien heureux !

CUPIDON, *à part.*

Ce monsieur a l'air d'un bien honnête homme !

M. BASSECOUR.

Le Vaudeville ! mais c'est un second Gymnase... oh ! le Gymnase, charmant théâtre... théâtre élégant, théâtre de bonne société !... et tout y est naturel... Et quels beaux meubles !... avez-vous remarqué, monsieur, les meubles du Gymnase ?... les beaux canapés ! les beaux fauteuils !... Seulement ils en mettent trop... Oh ! oui, ils en mettent dans tous les coins et au milieu du théâtre. Les acteurs n'ont plus de place ; ils sont gênés... ça contrarie le public... Mais quelles jolies pièces !... L'Anneau de fer... le Feu de paille... le Verrou de la Reine... c'est littéraire, c'est bien écrit, seulement c'est ennuyeux, et ce n'est pas ennuyeux comme beaucoup de pièces sans prétention... Ah ! non, c'est plus ennuyeux que ça, c'est endormant.

CUPIDON.

Ah ça, mais...

M. BASSECOUR, *regardant l'habit de Cupidon.*

Tiens! vous avez un bel habit...

CUPIDON.

Oui... il est assez...

M. BASSECOUR.

Il est charmant... très-joli, très-joli... seulement il est mal fait, il vous rend bossu, c'est du vilain drap, mal cousu...

CUPIDON.

Ah ça, monsieur!

M. BASSECOUR.

Tenez, monsieur, une jolie pièce, ce sont *les Enfants terribles*, aux Variétés.

CUPIDON.

Oui, on m'a dit en effet...

M. BASSECOUR.

C'est ravissant, c'est frais, c'est drôle... seulement c'est fait sans esprit... c'est vulgaire, c'est grossier. Comprend-on que les auteurs osent dénaturer Gavarni... et pour faire quoi? un méchant petit vaudeville... C'est ignoble, monsieur, c'est ignoble.

CUPIDON.

Ah! ça mais, il débine tout, ce monsieur; pardon, monsieur, à qui ai-je l'honneur?

M. BASSECOUR.

Monsieur Bassecour.

CUPIDON.

Ah! mon gaillard, je vous ai vu sur l'affiche du Vaudeville... vous êtes un des personnages des faux Bonshommes... Je comprends maintenant... vous abîmez tout pour arriver à l'éloge de votre pièce.

M. BASSECOUR.

Eh bien! oui, monsieur, je l'avoue... c'était pour en arriver là... les faux Bonshommes, ah! monsieur! quel succès! que d'esprit dans ces quatre actes! Seulement les deux premiers... prout!... je vous les abandonne... mais les deux derniers...

CUPIDON.

Ah! il paraît que les deux derniers...

M. BASSECOUR.

C'est du Molière... oui, monsieur, du Molière... c'est même plus fort que Molière .. Seulement Molière n'aurait pas fait ça; non, il aurait fait autre chose... il aurait fait une pièce, et dans les faux Bonshommes il n'y a pas de pièce, non... ce sont des scènes à côté les unes des autres... sans intérêt... Mais quelles scènes, monsieur!... la scène du contrat... Cette scène si gaie, où l'on ne parle que de mort!... Et la scène du quatrième acte, monsieur!... cette scène si comique... vous savez, ce mari qui désire la mort de sa femme... quelles scènes... Vous me direz : ôtez ces deux scènes-là, il ne reste rien... c'est vrai!...

CUPIDON.

Mais vous êtes une affreuse canaille! Comment! vous vous éreintez vous-même?

M. BASSECOUR.

Eh bien! oui, monsieur, j'ai de la bile, j'ai du fiel, tout m'irrite, tout m'agace; je suis un faux bonhomme, comme tout le monde.

CUPIDON.

Mais non, monsieur, il y a des hommes bons, vraiment bons.

M. BASSECOUR.

Ça n'est pas vrai!

CUPIDON.

Comment, ça n'est pas vrai?

M. BASSECOUR.

Non, monsieur...

AIR : *Friandise.*

Faux bons-hommes! (*bis*).
On en trouve à chaque pas.
Nous sommes
De faux-bons hommes;
Ne le dissimulons pas!...
Voyez ces banquiers modèles,
Qui font comme Mercadet...
Et ces caissiers si fidèles,
Qui font comme Bilboquet.
Faux bons-hommes! (*bis*)
Oui, c'est un fait accompli,
Nous sommes
De faux bons hommes!
Tout le monde en est rempli.
Ces critiques d'humeur franche,
Qui, vous jugeant samedi,
Vous embrasseront dimanche,
Et vous éreint'ront lundi!...
Faux bons-hommes (*bis*).
Nous craignons, croirait-on ça,
Faux bons-hommes
Que nous sommes,
Tous ces faux bons-hommes-là!

Et ces dames, qui vous plument,
Qui mettent des pantalons,
Qui jurent, boivent et fument
Et se disent bons garçons !

Faux bons-hommes ! (*bis*)
Faux bons-hommes en jupons !...
Faux bons-hommes
Que nous sommes,
Nous aimons ces faux garçons.

Bref! dans le siècle où nous sommes,
Rien vraiment n'est plus commun ;
On ne voit que faux bons-hommes !
Vous-même vous êtes un
Faux bon homme. (*bis*)
Je vous dis mon sentiment ;
Et c'est comme
Un faux bonhomme,
Que je vous quitte à l'instant.

ENSEMBLE. — (*Reprise.*)

CUPIDON.

Faux bonhomme ! (*bis*)
Vous êtes un insolent !
Voilà comme
Un faux bonhomme
Relève un impertinent.

BASSECOUR.

Faux bonhomme ! (*bis*)
Je vous dis mon sentiment ;
Et c'est comme
Un faux bonhomme,
Que je vous quitte à l'instant.
(*Il sort par la gauche.*)

CUPIDON, seul.

A-t-on jamais vu !... je suis furieux !... si jamais je le rencontre ?...

(*Entrent six petits lauréats, en habits noirs, cravates blanches. — Ils vont par rang de taille, chacun porte un rouleau de musique sous son bras. — Ils arrivent de la gauche à la queue leu-leu.*)

SCÈNE VII

CUPIDON, SIX PETITS LAURÉATS.

PREMIER LAURÉAT.

AIR : *des fraises.*

Des plantes il faut toujours

Soigner les jeunes touffes...
Ça leur donne de longs jours...
Nous arrivons du concours
Des Bouffes. (*ter*)

CUPIDON.

Ah! le drôle de petit régiment!

1er LAURÉAT.

Nous sommes les six lauréats admis au grand concours de la petite opérette, couronnés par les bouffes parisiens.

CUPIDON.

Ah! c'est vrai... j'ai entendu parler... mais qu'est-ce donc qu'une opérette?

1er LAURÉAT.

C'est un petit genre tout nouveau. On prend un petit théâtre, un petit directeur, des petits acteurs qui chantent avec de petites voix dans de petits décors, une petite musique faite sur des petits vers, par de petits compositeurs qui obtiennent un petit succès devant un tout petit public.

CUPIDON.

Et sans doute devant une toute petite recette?

1er LAURÉAT.

C'est moi qu'ai eu le prix.

LES CINQ AUTRES, pleurant.

Hi! hi! hi! hi! hi!

1er LAURÉAT.

Ces petits-là n'ont rien eu?

LES CINQ AUTRES.

Hu! hu! hu! hu! hu!

1er LAURÉAT.

Voulez-vous bien ne pas pleurer comme ça! (*Allant au dernier et le mouchant.*) Fi! que c'est vilain, monsieur!... allons, allons... soyez sage...

CUPIDON.

Ah! vous êtes le triomphateur?

1er LAURÉAT.

Oui, c'est moi qu'a triomphé; ça m'a fait de l'effet, allez.

Air *du Pont-National.*

Malgré mon talent et mon tact,
Je sentais dans mon estomac
Mon petit cœur faire tic-tac;
J'avais ce qu'on nomme le trac...

Mais un matin je mets mon frac;
Puis j'avale force cognac,
Et vais, fier comme un armagnac,
Passage Choiseul, sans cornac.
On écoute mes airs, et crac...
Mes concurrents sont mis au sac...
On me proclame un Dalayrac...
De plaisir je bats un flic-flac!
Bref, monsieur le directeur ac-
Cepte mon charmant petit ac-
Te, et je suis couronné par Jac-
Que, oui par Jac-
Qu'Offenbac!

CUPIDON.

Eh bien, monsieur, je vous en félicite, mais je doute que l'opérette enfonce jamais l'académie impériale de musique.

1er LAURÉAT.

L'opérette, monsieur, elle enfoncera tout.

Air: *Dans mon beau château.*

Partout on verra
L'opérette; (*bis*)
Même l'on verra
L'opérette à l'opéra.
Tout Paris déjà
Répète
Mainte opérette;
Tout Paris déjà
Adore ce genre-là.
Dans leurs nouveautés,
Au Vaudeville opérette;
Aux Variétés...
Enfin de tous les côtés.
On se passera
De comédiens et de pièces,
Et l'on ne fera
Que des moitiés d'opéra.
On ne connaîtra
Bientôt plus d'autres finesses;
On ne chantera
Que lon la lan dérira;
Larifla, fla, fla,
Lon lan la lan dérirette...
Désormais voilà
Tout ce qu'on estimera.

Partout on verra
L'opérette ; (*bis*)
Même l'on verra
L'opérette à l'Opéra !

(Les six lauréats sortent par la gauche, dans le même ordre qu'ils avaient à leur entrée.)

SCÈNE VIII

CUPIDON, LÉON DESROCHES.

LÉON DESROCHES, entrant par la droite.

Coupe-gorge en plein jour... antre, maudit sois-tu !...
Foyer des passions... tombeau de la vertu !

CUPIDON.

Voilà un monsieur bien en colère !

LÉON DESROCHES, très-pâle et très-agité. Imitation.

J'ai tout perdu jusqu'à ma dernière ressource :
Oh ! j'ai bien du chagrin ! oh ! la bourse ! la bourse !

(S'adressant à Cupidon.)

Sur deux cents mobiliers je spéculais, eh bien !
Pour liquider il faut que je vende le mien.
Vendre mon mobilier, mon lit, mon secrétaire,
Mes pincettes, ma table, et mon fauteuil Voltaire !
Comprenez-vous, monsieur... que dire à mon agent ?
Ah ! comme on est pané quand on manque d'argent...

CUPIDON.

Serait-ce à M. de Lapalisse que j'ai l'honneur de parler ?

LÉON DESROCHES.

Monsieur, quand on est pauvre on est dans la détresse.

CUPIDON.

Mais lorsque l'on est riche, on a de la richesse.

LÉON DESROCHES.

Je suivais le conseil des amis les plus francs.
Eh bien !.. mes actions ont baissé de cent francs.
Je perds mon capital et l'amour de Camille.
Ah ! l'on va me lâcher d'un cran dans sa famille !
Reynold va l'épouser !... lui, son époux !... hélas !
Que faire maintenant ?... si je ne payais pas !
Je puis ne pas payer sans que l'on me chamaille.

(Avec éclat se cachant la tête dans ses mains.)

Ah ! je suis sur le point de devenir canaille !...
Eh bien ! non... je jouerai toujours... oui, je jouerai...
Chez l'un, j'achèterai... chez l'autre, je vendrai...

CUPIDON.

Cet homme achèterait... ce serait plein d'astuce,
Constantinople au Turc, pour le revendre au Russe!!!

LÉON DESROCHES.

Non! le voile est tombé!... non, je ne jouerai pas!...
Qui chancelle une fois redoute les faux pas!...
Adieu, Nord, Autrichiens, vous que j'achetais ferme,
Je veux me retirer demain dans une ferme.
De Camille je puis encore être l'époux;
Et pour la mériter je vais planter des choux.
Mais j'ai faim... et rien là... rien... pas vingt-cinq centimes!
Bourse! tripot maudit!... contemple tes victimes;
Je veux dîner! j'ai soif! j'ai faim! il se fait tard!
Ah! je cours emprunter quinze francs... à Ponsard!!!

(Il sort éperdu par la gauche.)

SCÈNE IX

CUPIDON, puis GEORGES TRÉVOR.

CUPIDON.

Ah ça, il est toqué... allez au diable... grand toqué!... (*Georges Trévor entre par la droite et descend à gauche.*)

GEORGES TRÉVOR, imitation.

Non... cet homme n'est pas toqué... il n'est pas toqué cet homme... il est malheureux... il est pauvre... et je le défends, monsieur... je le défends!...

CUPIDON.

Vous, monsieur?... mais qui êtes-vous donc?...

GEORGES TRÉVOR.

L'avocat des pauvres.

CUPIDON.

Ah! de la Gaieté.

GEORGES TRÉVOR.

De la gaieté, je n'en ai pas... Lilias! Lilias! sainte fille élevée par ma mère... Lilias... toi que j'aime comme on adore les saintes du ciel... oh! tu seras heureuse!... elle sera heureuse... N'est-ce pas, Seigneur, que Lilias sera heureuse?

CUPIDON.

Espérons-le, monsieur, espérons-le...

GEORGES TRÉVOR.

Elle aime ce Gilbert... Lilias aime cet homme... Lord Jaffrey, tu n'es qu'un imposteur et un infâme!...

CUPIDON.

Pardon, monsieur, je suis...

GEORGES TRÉVOR.

Tu es un infâme!... Tu m'accuses d'avoir dérobé une partie de cette fortune, moi!... mon Dieu!... comment confondre ce misérable? mon Dieu!... envoyez-moi votre lumière divine!... Ah! je suis sauvé! je suis sauvé!... Mes enfants, courez en France! cherchez ce Gilbert... il me le faut, car c'est lui qui a pris la fortune de Lilias!... il me le faut!... Moi, je suis l'avocat des pauvres, je suis Georges Trévor, l'honnête homme... je ne veux pas mourir sur les échafauds de Londres, comme un malfaiteur et un bandit; je ne veux pas mourir face à face avec le bourreau. Je veux vivre réhabilité!... à Georges Trévor la vie, à Georges Trévor l'honneur!... La pauvreté, mon Dieu!... mais l'honneur! l'honneur!... (*Il sort éperdu par la gauche.*) *Une grande affiche sort de terre ; on y lit :*

THÉATRE ITALIEN.

LA TRAVIATA.

Musica del signor Cacophoni.

Personnagi.	Artistos.
Violetta.	ALPHONSINA RIGOLONINI.
Alfredo Germond.	LASSAGNINI.

Cavalieri, Loretti, et cæteri.

SCÈNE X

CUPIDON, puis les personnages de la Traviata.

CUPIDON, voyant l'affiche.

Le Théâtre Italien... à la bonne heure!... ça va me sortir un peu du drame!... (*Lisant l'affiche.*) La Traviata!... (*Cherchant.*) Qu'est-ce que ça peut vouloir dire en italien, Traviata?... Oh! nous allons bien voir... l'ouvrage me paraît monté par les premiers artistes : Alphonsina Rigolonini... Lassagnini... Je me promets un quart d'heure d'agrément... (*Il va s'asseoir à gauche ; l'affiche disparaît.*) L'ouverture va commencer... attention! (*Ouverture : Alfredo entre par la droite en costume de jeune seigneur de la fin du règne de Louis XIV. Il s'avance vers le public pour chanter ; il pousse un soupir. — Nouvelle reprise de la ritournelle. — Enfin, il vient au milieu, pose la main sur son cœur et chante avec expression.*)

ALFREDO.

Musique nouvelle de M. J. Nargeot.

RÉCITATIF.

Che dolor!
Senti l'amor

Que déchirato mio cor.
(Voyant entrer Violetta par la gauche.)
Eccola !
Qu'elle est bella !
Fichtra !
(Il se tient à l'écart.)

VIOLETTA, *sans voir Alfredo.*

Poverina
Violetta !
Ah ! ah ! ah !
(Elle tousse.)
Trop noçaré !
Trop avalaré
Vino
Di champagno !
Oh ! oh ! oh ! oh !
(Elle tousse encore.)

CUPIDON.

Sapristi !... la première chanteuse est enrhumée... elle aurait dû faire faire une annonce.

(Alfredo s'est avancé et, sans être vu de Violetta, il soupire.)

VIOLETTA.

Quello
Bruito !
(Voyant Alfredo.)
Un june homo !

ALFREDO.

Pardonnate !... amo !... amo !
Et suspiro !...

VIOLETTA.

Povero !

ALFREDO.

Sempre suspirare,
Piu rien mangearé !...
Piu rien...

VIOLETTA *lui montre une table brillamment servie, que portent deux domestiques.)*

Vogli souparé ?

ALFREDO.

Ya, meinherr.
(à part.)
Je vas dévorare !

(Il prend la main que lui tend Violetta et la conduit à la table, pendant que deux jeunes seigneurs et deux dames entrent et les saluent.) On se place.

CUPIDON.

Ils vont souper... comme tout se fait bien en Italie!... Ce sont les femmes qui vous invitent.

(*Tout le monde est à table.*)

ALFREDO.

Ah! bravi! (*bis.*)
Ravioli
Homardi!
Crevetti!
Macaroni!

REPRISE EN CHŒUR.

Ah! bravi! (*bis.*)
Ravioli!
Homardi!
Crevetti!
Macaroni!

ALFREDO.

Consonnetta!

TOUS.

Consonnetta!

VIOLETTA.

Consonnetta!

AIR *de la dame aux Camélias.*

Il cielo del Mahometo...

(*Elle tousse.*)

Il

Elle s'arrête et tousse encore. — On quitte la table, que les domestiques emportent en laissant une chaise.)

CUPIDON, vivement et se levant.

Ah! je vous reconnais!... vous n'êtes pas autre chose que la Dame aux Camélias!

VIOLETTA.

Oui, monsieur... mais la Dame aux Camélias en italien.

CUPIDON.

Mais vous finissez toujours par mourir?

VIOLETTA.

Oui, monsieur; mais je meurs en Italien.

CUPIDON

Ah!... Eh bien! voyons comment on meurt en italien. (*Violetta, Alfredo, et les seigneurs et dames sortent par la droite. — Un domestique, venant de la gauche, place au milieu du théâtre une pancarte portant ces mots : Chambre à coucher, rue Notre-Dame de Lorette, en Italie; puis il sort, en remportant sa pancarte. — Alors on entend au dehors les trompes du carnaval et les cris à la chienlit.*

VIOLETTA, *arrivant par la droite, pâle et chancelante.*

Carnavalo! (*bis.*)
Bacchanalo!

CHŒUR, *en dehors.*

Carnavalo! (*bis.*)
A la chianlito!... (*bis.*)

VIOLETTA, *écoutant.*

Ché piatcheré! (*bis.*)
Mascarada
Mi appella!
Andiamo
A ballo!
Viva
Polka! } (*bis.*)
Viva
Mazourka!

(*S'arrêtant.*)

Impossibilé!
Piu, piu, piu dansaré!
Piu, piu, piu polkaré!
Piu, piu cancannaré!
Piu... piu... piu... piu...

(*Elle tombe dans les bras d'Alfredo qui vient d'entrer par la droite.*)

ALFREDO.

Cielo!
Mia bonne amito!
Je viens t'épousaré!

VIOLLETTA.

Trop tardo! (*bis.*)
Ah! je n' peux plus parlaré!
Ah! je n' peux plus chantaré!
Ah! ah! ah! je n' peux plus vocalisaré!..

(*Elle tombe sur la chaise.*)

ALFREDO.

Violetta!
Quelle mauvaise mine elle a!

CHŒUR DE MASQUES, *entrant par la droite.*

Carnavalo!
Bacchanalo!

ALFREDO.

Silencio!

(*Très-fort.*)

Silencio!...

(*Il s'agenouille auprès de Violetta.*)

VIOLETTA, *avec égarement.*

Momento d'ivress...a!
Ah! qu'elle allegress'...a!
Vivons ensemble!

(*Elle pousse un cri.*)

Oh!...
Mon Alfredo!
Te attendo
Dans un autre mondo!...
Oh!...

(*Elle meurt.*)

CHŒUR.

Infortunata!
Morta! (*bis.*)

VIOLETTA *se relevant vivement.*

Non, moi, pas morta!
La Dame au Camélia
Mourra
Et remourra,
Puis ressuscitera!
Trois cent fois déjà,
Au Vaudeville on m'a
Reprise quand on n'a
Vait à jouer que ça.
Puisque en *Traviata*
Déjà l'on me changea,
On me rechangera,
On me retraduira
En turc, en flamand,
En russe, en allemand,
En anglais, en chinois,
Et même en iroquois;
Partout on criera,
On baragouinera:
Bravo! bravi! brava!
La Dame au Camelia!

CHŒUR.

Partout on criera, etc.

(*Tous, excepté Cupidon, sortent par la droite en dansant.*)

CUPIDON, seul.

Ceci me prouve qu'on meurt en italien exactement comme en français.

SCÈNE XI

CUPIDON, puis UN VOYAGEUR.

CUPIDON, seul.

Mais ça n'est pas gai tout ça... je voudrais quelque chose de plus folichon, de plus comique.

LE VOYAGEUR, entrant par la gauche.

Le théâtre du Palais-Royal, s'il vous plaît.

CUPIDON.

Monsieur, c'est à côté de monsieur Véry.

LE VOYAGEUR, imitation d'Arnal.

Je vous suis infiniment obligé, monsieur ; tel que vous me voyez, j'arrive de la Suisse...

CUPIDON.

Monsieur est touriste?

LE VOYAGEUR.

Je suis acteur!... Oh ! monsieur, quel pays que la Suisse !... c'est un climat très-sain... ma maison est à Interlaken... j'ai à droite le lac de Thün... à gauche le lac de Briens... et j'ai des arbres devant ma porte... c'est très-joli... ça me fait *du vert*.

CUPIDON.

Je vous croyais retiré à *Lauzanne*!... et vous allez jouer la comédie au théâtre du Palais-Royal !

LE VOYAGEUR.

Je vais jouer une machine... on est venu me dire : « Voyons, est-ce que...» J'ai répondu : « ma foi, je veux bien!... Figurez-vous que de ma fenêtre je vois la Jung-Fraü... une montagne... Parbleu ! je voudrais vous voir escalader ça... La veille de mon départ, je n'étais pas décidé du tout... oh ! mais là, du tout... c'était le soir... et ma foi...

AIR : *De la sentinelle.*

L'astre des nuits, dans son paisible éclat,
Sembla tenir à peu près ce langage :
« Le comédien est comme le soldat...
« Il faut partir... allons, et du courage !
« On te prépare un ouvrage joli,
« Signé : Marc-Michel et Labiche.
« Des dam's attendent ton appui,
« Pour les dames faut être poli...
« Même pour les dam's de Montenfriche...
« De Montenfriche !

CUPIDON.

Ah ! vous allez jouer les Dames de Montenfriche?...

LE VOYAGEUR.

Oui... avec le petit Ravel... et puis, je ne sais qui... (Changeant de ton.) Ce qu'il y a de beau en Suisse, c'est la température... le ait y est excellent... vous devez aimer le lait, vous, mon gaillard... ça se voit sur votre figure !... Ah ! ah ! ah !... la plaisanterie n'est pas neuve... mais elle est grossière...

CUPIDON.

Et vous avez quitté la Suisse sans regrets?

LE VOYAGEUR.

Avec un regret énorme, mon cher monsieur.., avec un regret plus vif... que l'air de ses montagnes.., Ah! monsieur, quel pays que la Suisse!... Des femmes... avec des costumes pittoresques... et des mollets également pittoresques!... Et puis, le climat y est très-sain...

AIR : *du matelot (Madame Duchambigá.)*

Pour l'*Humoriste*, ah ! quel pays sublime !
L'*homme blasé* parfois s'y réjouit ;
Sans redouter là *mansarde du crime*,
Le *Poltron* même y sort *Passé minuit.*
Mamzell' Marqu'rite et *Kettly*, nous y flanquent,
L'eussés-tu cru ? mille baisers par jour ;
Les *cabinets particuliers* y manquent,
Mais tous les cœurs y sont *riches d'amour.*

Le théâtre du Palais Royal, s'il vous plaît?

CUPIDON, montrant la droite.

A côté de chez Véfour... ou des Provençaux... je ne sais pas au juste.

LE VOYAGEUR.

Ce précieux renseignement me suffit... les Dames de Montenfriche me réclament. Il ne faut pas les faire attendre. (Il sor par la droite.)

CUPIDON, seul.

Avec tout ça, je ne connais pas les dames de Montenfriche... Ah ! bast ! je n'ai pas envie de les connaître. (Voyant entrer madame Bernier et Antoinette qui entrent des deux côtés de la scène.) Tiens ! deux femmes voilées !

SCÈNE XII

CUPIDON, Mme BERNIER, venant de la droite, ANTOINETTE, venant de la gauche, puis ANDRÉ, entrant par la gauche ; ensuite et successivement LE MARIN DE LA GARDE, Mme DE MONTARCY, JANE GREY, LA FÉERIE DU PALAIS-ROYAL.

Mme BERNIER.

J'aurai du courage... c'est pour ma fille.

ANTOINETTE.

J'aurai du courage... c'est pour ma mère.

ANDRÉ, venant entre les deux.

J'aurai du courage... c'est pour ma mère et ma sœur.

ANTOINETTE, tendant la main à André.

Monsieur!...

Mme BERNIER, même jeu.

Par pitié!...

ANDRÉ, les reconnaissant.

Ma mère!...

Mme BERNIER.

Mon fils!...

ANTOINETTE.

Mon frère!...

ANDRÉ.

Ma sœur!...

Mme BERNIER.

Toi!...

ANDRÉ.

Vous?...

ANTOINETTE

Lui!...

ANDRÉ.

Elle!...

Mme BERNIER.

Nous!...

ANDRÉ.

Vous!...

CUPIDON.

Eux!... (Antoinette, Mme Bernier et André se jettent dans les bras les uns des autres en sanglottant.) Ah! sapristi! voilà une famille bien intéressante!

ANDRÉ.

Oh! la misère en habit noir!... Oh! les pauvres de Paris!... (Apercevant Cupidon.) Un bourgeois!... Ah! il me donnera peut-être quelque chose. (Chantant en cachant sa figure dans son mouchoir.)

« J'ai deux grands bœufs dans mon é...

(Il tombé épuisé).

CUPIDON.

Ah! le malheureux!... Vite achevons sa besogne. (Il ramasse le chapeau d'André et se met à beugler.)

» table,

» Deux grands bœufs noirs tachés de roux! »

UN MARIN DE LA GARDE, *entrant par la gauche.*

Je suis un pauvre marin de la garde... Je n'ai pas fait d'argent au Cirque; mais voilà un sou. (*Il met un sou dans le chapeau.*

Mme DE MONTARCY, *pleurant et entrant par la gauche.*

Je suis plus malheureuse que vous, moi, mon mari s'est empoisonné.

TOUS, *pleurant.*

Pauvre femme!... oh!...

JANE GREY, *pleurant, entrant par la droite.*

Je suis plus malheureuse que vous; on me tranche la tête tous les soirs.

TOUS, *pleurant.*

Pauvre fille... Oh!

Mme DE MONTARCY, *pleurant.*

Je suis madame de Montarcy.

TOUS, *pleurant.*

Hi! hi! hi!

JANE GREY.

Je suis Jane Grey!...

TOUS, *pleurant.*

Hé! hé! hé! (*Ils sanglottent tout à l'avant-scène. Le souffleur tire un parapluie de son trou et l'ouvre.*)

UNE FOLIE, *entrant par la gauche.*

Je suis la Féerie du Palais-Royal.

TOUS, *jetant un cri.*

Ah!... (*Ils se sauvent tous et sortent de tous les côtés. Cupidon reste seul en scène.*)

SCÈNE XIII

CUPIDON, *puis* LA FÉERIE.

CUPIDON, *seul.*

Comment!... une féerie qui fait sauver tout le monde!.. Ce n'est donc plus cette féerie qui nous montrait les Sept Merveilles du monde, les Mille et une Nuits, la Biche aux Bois!...

LA FÉERIE, *paraissant par une trappe.*

La véritable féerie, la voilà!... (*Elle vient à la gauche de Cupidon.*)

AIR : *De la tonnelle.* (Alexandre Michel.)

Je suis la féerie!
Vive la magie,
La sorcellerie!
J'en sème partout.
Palais, maisonnette,
Prince ou bergerette,
D'un coup de baguette
Je transforme tout,

Air *de Périnette.*

Eparpillant les trésors,
Que prodigue la nature,
Toutes les fleurs en peinture
Renaissent sur mes décors.
Pour les hommes je prépare
De magnifiques atours,
Et les femmes, je les pare
De petits jupons très-courts.
Enfin, je montre des flammes,
Des amours, de l'or, des fleurs ;
Cela vaut mieux que tous vos drames,
Qui ne montrent que des horreurs !

Air *du Voyage aérien.*

Pourtant on les préfère encor,
Et même, au Cirque est-ce croyable?
Au lieu de la Poule aux œufs d'or,
Au lieu des Pilules du diable,
Pour nous retenir en prison,
De la Trinité jusqu'à Pâques,
Le Cirque après un noir donjon,
Vient de donner la Tour-Saint-Jacques!
En entendant jusqu'à la fin
Charles VI dire à son Odette :
George a bien froid ! George a bien faim!
Le public dit : Georges m'embête!

Air : *Rataplan. (Fille de Dominique.)*

Au cirque, j'aimais cent fois mieux
Ces preux,
Ces guerriers valeureux,
Qui s'en allaient tambour battant
Plan,
Rapataplan,
Pataplan.
Plan, plan,
Au feu de la mitraille,
Nos soldats en sabots
Sur le champ de bataille
Devenaient des héros!
Sublime féerie!
A nos régiments
Les mots : gloire! patrie!
Servaient de talismans!
Quand nos bataillons combattaient,
Ah ! comme tous les cœurs battaient!

Le public criait : En avant !
Plan,
Rapataplan,
Pataplan,
Plan, plan.

AIR : *Strum*, (*Galop*).

A ce prestige là
Le public reviendra !
Oui, la féerie, un jour,
Doit renaître à son tour.
Qu'importe si l'ennui
Prend ma place aujourd'hui ?
En l'avenir j'ai foi !
L'avenir est à moi !

CUPIDON.

De sorte que les théâtres n'ont rien joué de merveilleux cette année.

LA FÉERIE.

Oh ! si, monsieur, La Féerie est venue à leur secours sans qu'ils s'en doutent.

CUPIDON.

Et comment cela ?

LA FÉERIE.

Regardez !... (Elle fait un signe ; le théâtre change et représente un chantier de navires en construction. Des ouvriers charpentiers entrent de droite et de gauche et se mettent à travailler.)

NEUVIÈME TABLEAU

SCÈNE XIV

CUPIDON, LA FÉERIE, OUVRIERS CHARPENTIERS

CHOEUR.

AIR : *Tayaut.* (*Les Nèfles*).

Pan ! pan ! pan ! pan ! vite à l'ouvrage
Les Directeurs, amis, comptent sur nous.
Pan ! pan ! pan ! pan ! allons courage !
Tâchons ici de les contenter tous !

CUPIDON.

Comment, c'est avec des vaisseaux que vous avez fourni des succès aux théâtres de Paris ?

LA FÉERIE.

Mille canonades ! voulez-vous les voir ?... (Remontant et criant.) A moi les succès nautiques de 1856 !... Tout le monde sur le pont ! (Musique à l'orchestre.)

SCÈNE XV.

Les Mêmes, LE CORSAIRE, LE FILS DE L'ENNUI, LE FLÉAU DES MERS, MARIE STUART, LE MONSTRE, (Ils entrent tous par la droite et successivement. Chacun porte sur sa tête un petit vaisseau qui lui sert de coiffure.)

LE CORSAIRE.

Voilà!... Je suis le Corsaire de l'Opéra!... je suis le premier, monsieur!...

LE FILS DE L'ENNUI.

Et moi, je suis le Fils de l'ennui de la Porte-Saint-Martin!... J'ai un vrai vaisseau, monsieur!... un vaisseau qui manœuvre et qui, tous les soirs, manque de faire naufrage dans les avant-scènes!

CUPIDON.

Bigre!

LE FILS DE L'ENNUI.

J'ai un vaisseau mirobolant! un vaisseau épatant!... un vaisseau!...

LE FLÉAU DES MERS.

Et moi, j'en ai deux!... Je suis le Fléau des mers de l'Ambigu!...

LE FILS DE L'ENNUI.

Toi!... deux vaisseaux?... Tu n'as que des bateaux de blanchisseuse!...

MARIE STUART.

Et moi, je suis Marie Stuart du Cirque!... J'ai un vaisseau moyen-âge!

LE MONSTRE.

Et moi, je suis le Monstre des Folies-Dramatiques!... J'ai aussi mon petit vaisseau, monsieur!...

TOUS, *parlant ensemble.*

Prenez-moi, monsieur!... je suis le seul!... le vrai vaisseau!... Prenez-moi! (Ils entourent Cupidon.)

CUPIDON, *criant.*

Assez!... assez de vaisseaux comme ça!... Sapristi!... je sui en panne... (Se reprenant.) En peine pour choisir!...

Air : *des Fraises.*

Avec de pareils bateaux
Un' pièc' peut être sotte.
Vous êtes tous neufs et beaux...
Bref, entre tant de vaisseaux
Je flotte! (*ter.*)

LA FÉERIE.

Déjà tous les théâtres me réclament un vaisseau, et voici les échantillons de nos succès futurs. (Elle fait un nouveau signe : le théâtre représente un port de mer. — Au fond sont douze petites filles en costumes de danseuses, mais coiffées toutes d'un petit vaisseau.)

DIXIÈME TABLEAU

SCÈNE XVI.

LES MÊMES, DOUZE PETITES DANSEUSES, puis tous les personnages de l'acte. — Ballet par les douze petites Danseuses.

LA FÉERIE, allant chercher un gros vaisseau, qui entre par la droite, suivi de tous les personnages, et l'amenant, en le tenant en laisse sur le devant de la scène.

AIR :

Un vaisseau
Un joli vaisseau !
Ohé !
Mill' sabords !
Mill' tribords !
Pour tous ceux qui tombaient dans l'eau,
J'ai fait cette année un vaisseau !
Ohé !

CHOEUR. (*bis.*)

Ohé !

LA FÉERIE.

C'est la mode,
Et c'est si commode !
Ohé !

CHOEUR,

Ohé !

LA FÉERIE.

Non, rien ne vaut un beau
Vaisseau !
Les actric's lancent des œillades ;
Les acteurs exigent des feux,
Ou bien se prétendent malades,
Ou disent : mon rôle est affreux !
Mais, ô merveille sans égale !
Toujours pimpant et toujours beau,
Qu'est-c' qui n' fait pas d' l'œil dans la salle ?
Qu'est-c' qui n'a pas d' rhum's de cerveau ?
Un vaisseau !
Un joli vaisseau ! *etc.*

(Au vaisseau.) Saluez!... (Le vaisseau salue.) Très-bien ! — Carguez vos voiles ! (Le vaisseau exécute le mouvement.) Très-bien ! — Virez ! (Le vaisseau vire, tire un coup de canon, remonte et s'arrête au fond.) Très-bien! — Voilà la recette pour obtenir deux cents représentations. — Ça n'est pas plus difficile que ça.

VAUDEVILLE FINAL.

AIR *nouveau de J. Nargeot.*

CHOEUR.

C'est la voix du canon!
Puisque le canon gronde,
Qu'à l'instant tout le monde
Se rende sur le pont!

GEORGE TRÉVOR.

Que faire en ce moment ;
Pour terminer la pièce ?
Avec un peu d'adresse
Sauvons le dénouement.

LE LAURÉAT.

Nous avons tout d'abord
Épuisé nos idées,
Et lâché nos bordées
De tribord à bâbord.

LE VOYAGEUR.

Allons, cherchons encor
Une habile manœuvre,
Et mettons tout en œuvre,
Pour arriver au port.

LE BON VIEILLARD.

Si nos légers tableaux
Allaient faire naufrage...

ALFREDO.

Ce serait bien dommage
Avec tant de vaisseaux!

M. BASSECOUR, (*aux trois femmes*).

De cet épouvantail
Sauvez notre navire.
De peur qu'il ne chavire,
Prenez le gouvernail,

LA FANCHONNETTE, (*au public*).

Ah Messieurs, sauvez-nous
De la fureur d'Éole.

VIOLETTA.

Moi je perds la boussole.

LA FÉERIE, (*au public*).

Et moi, j'espère en vous.

CUPIDON, (*de même*).

Ah ! Messieurs, protégez
Notre barque légère ;
Écoutez la prière
Des pauvres naufragés.

CHOEUR.

Ah ! Messieurs, protégez, *etc.*

FIN

Paris. — Typographie de Morris et Comp., rue Amelot, 64.

www.ingramcontent.com/pod-product-compliance
Ingram Content Group UK Ltd.
Pitfield, Milton Keynes, MK11 3LW, UK
UKHW020936180726
13838UKWH00002B/973